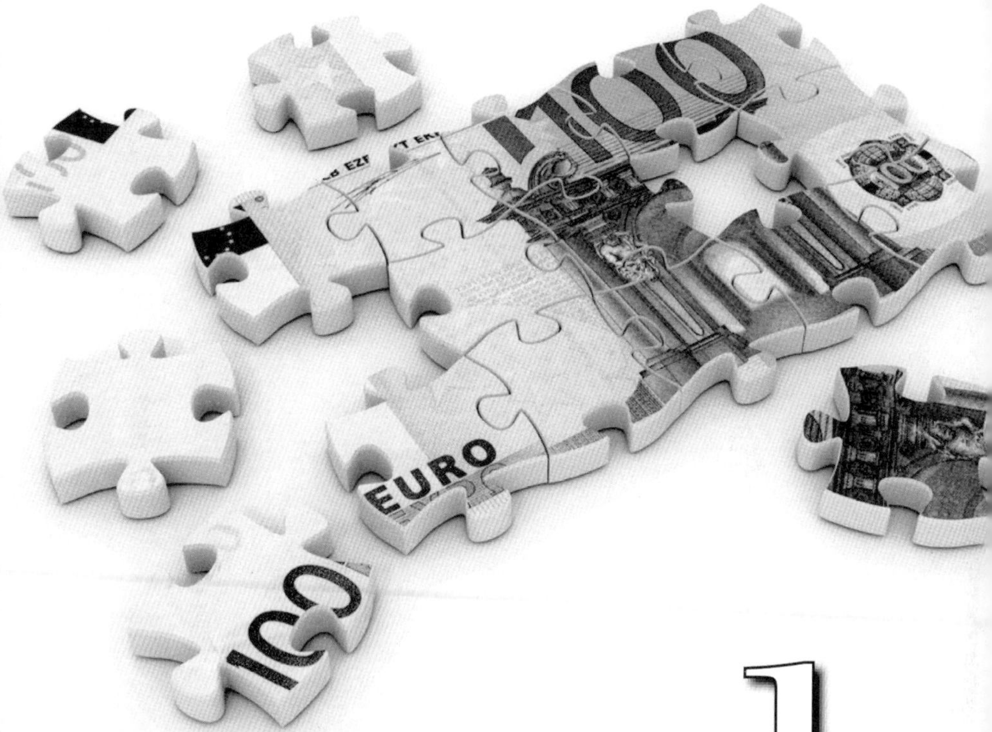

歐債危機的第1本書

何棟欽 著

Preface

自序

二〇〇七年發生的美國次貸危機與隔年的全球金融海嘯席捲全球，正式揭開歐債危機的序幕，二〇〇九年十月爆發的歐債危機從希臘開始，隨後波及愛爾蘭與葡萄牙，並延燒西班牙及義大利。

誠如本書所說的，歐債危機的發生有其外在客觀因素，它是全球金融海嘯的延續，更有其內在缺陷原因，歐元區只有中央銀行，稱為歐洲中央銀行（European Central Bank, ECB），ECB是歐元區執行貨幣政策的機構，但卻沒有執行財政政策及金融穩定政策的明確機構，以中央集權的貨幣政策搭配分權的各種政策，例如，分權的財政政策、分權的金融監理政策、分權的勞工與福利制度等等，以致，歐元區由ECB來執行單一的利率與匯率政策，統一應付各國不同的股價、房價、貨幣流通量、銀行制度、國外負債、民間負債、政府負債、物價水準、工資、生產力、經濟成長、公務員薪資、學生學費、租稅收入及政治運作等等不同的情況，這麼奇怪的制度設計，能夠不出問題嗎？歐元區各會員國的異質性對ECB的貨幣政策構成極大的挑戰。

因此，歐元區是貨幣聯盟，但缺少銀行聯盟、財政聯盟及經濟聯盟與政治聯盟的機制，歐元區內部的專家說這些機構是迷失了或不見了（missing），使得歐元區的貨幣政策、財政政策及金融穩定政策的關係，不像美國聯邦政府體制之設計能相互協調合作，反而像一輛三頭馬車一樣難以駕馭，因而問題叢生，導致希臘、義大利、葡萄牙與愛爾蘭的政府債務比率與財政赤字比率過高的情況下，危機一發不可收拾。

最重要的是，歐元區每個國家的競爭力不同，競爭力決定貿易及國力，歐元區統一使用歐元，因此，歐元區每個國家對外的名目匯率都一樣，但由於各國物價與勞工薪資都不相同，導致每個國家的實質匯率有極大的差異，以致於對外的競爭力也都不一樣，就因為競爭力不同，所以根本無法一體適用同樣的利率與匯率，更不可能在此一情況下滿足歐元區成立的三個前提要求：各國政府債務不能相互紓困（此為不准相互紓困條款）、不准央行直接在發行市場購買公債（此為不准貨幣融通條款）、銀行發生危機時各國要自己救助（此為銀行與主權相互依賴），歐元區脆弱的核心所在就是這3個前提，它也是歐元區的三頭馬車問題，三者不可能同時並存。

歐元區的另一個問題是經常帳失衡及國際收支危機，經常帳失衡的意思是有些國家的貿易一直是順差，例如，德國、荷蘭、芬蘭與盧森堡，而有些國家則一直是逆差，例如，希臘、葡萄牙、西班牙與愛爾蘭，歐元區內部在競爭力差異情況下，存在國際收支危機。

從一開始，本書關注歐債危機的出發點就跟大部分人不同，我們是從歐元區的支付系統開始的，這不僅是國內絕無僅有的，在全球也是獨樹一格，歐元區建構一套TARGET2系統（第二代泛歐自動即時總額清算快速轉帳系統），來處理包括歐元區在內的二十四個國家的金流，想要全盤掌握歐債危機的最新進展與它的金流，就絕不能忽略TARGET2在歐債危機中扮演的角色，歐債危機不僅嚴重影響TARGET2的金流分配，也將歐元區一分為二，一邊是核心國，如德國、盧森堡、荷蘭與芬蘭，這四個國家合稱為GLNF，另一邊則為周邊國，也就是希臘、愛爾蘭、義大利、葡萄牙與西班牙，這五個國家合稱為GIIPS（俗稱歐豬五國，由於歐豬五國字眼不雅，已引起當事國反感，正式文獻通常以GIIPS取代PIIGS），要完整分析歐債危機，就需要同時將歐元區的國際收支失衡與競爭力危機，貨幣政策、財政政策與金融穩定政策的三角關係，及歐元區支付系統TARGET2在歐債危機上所擔負的角色一併考慮，這也是本書的特色。

本書關心歐債危機的演變及危機後的歐元，更關心歐元區制度設計的缺陷，歐元區不見了的機構應該把它找回來或建立起來，以便能應付歐元區內的各種衝擊，否則歐元區充其量只是跛腳的貨幣巨人，歐盟、國際貨幣基金與ECB將只能扮演歐元區財政侏儒的角色，歐債危機亦將難以根治，不過本書認為歐元不是巴別塔，此一偉大計畫應不至於失敗，歐元在未來多元國際貨幣體系中應還會是主要的全球準備貨幣，只要經濟聯盟與政治聯盟成型，歐洲共合國的理想仍有實現的可能。

本書共分八章，章章精彩，內容豐富絕無僅有，力求在嚴謹中不失通俗，本書最與眾不同的兩項主要特色是，剖析歐元區支付系統TARGET2在歐債危機上所擔負的角色，並指出歐元區貨幣政策、財政政策、金融穩定政策，是不可能的三頭馬車，某種情況下更是神聖的三位一體，堪稱經典之作，深信本書值得仔細研讀與珍藏。

目錄

第一章

前言

一、歐元區的金融現況糟透了

從美國次貸危機發生以來，歐洲中央銀行（European Central Bank, ECB）透過公開市場操作，猛印鈔票，狂灑資金到銀行體系，公開市場操作主要有兩種，一為短天期的主要再融通操作，意思是提供短期資金給銀行；另外一種則是長期再融通操作。主要再融通操作累積餘額從正常時期的每個月2,500億歐元，逐漸減少，幾乎由長期再融通操作取代，美國雷曼兄弟投資銀行2008年倒閉之前，長期再融通操作銀行累積未還的金額不會超過3,000億歐元，2009年到2010年之間一度增加，2012年以來，累積未還的長期再融通操作金額暴增幾乎高達1.1兆歐元。歐債危機對整個歐元區的經濟造成嚴重的衝擊，並導致銀行不願意承作放款，在ECB將超過1兆歐元的資金注入銀行體系後，才得以避免發生信用緊縮。

結果銀行拿到這些錢後並未從事放款投資，幾乎全數回存給歐洲中央銀行，歐洲銀行寧願將現金存放在央行而不願放款給客戶或作其他用途，這是屬於預防性動機的流動性需求，所以歐洲中央銀行可以說是錢從左手出右手進，導致歐元區可能出現「超額流動性的信用緊縮」及新的違約風險，這就像富人因無食物而餓死般一樣不可思議。事實上，銀行只是把錢在歐洲中央銀行的活存帳戶與隔夜存款帳戶間搬來搬去而已，歐洲中央銀行兩次的三年期長期再融通操作之後，銀行在歐洲中央銀行的活存帳戶資金總額馬上暴跌，本來活存帳戶大概都有2,000億歐元的存款（含準備金），在三年期長期再融通操作之後，急跌到只剩1,000億歐元多一點，ECB的三年期長期再融通操作除為解決銀行的流動性問題，也希望銀行能開始增加放款及購買政府公債，然而銀行事實上是通通把錢搬到歐洲中央銀行的存款設施——隔夜存款帳戶，當時隔夜存款帳戶利率為0.25%，所以隔夜存款帳戶在2009年之前幾乎完全沒有存款，2009年之後，每個月的存款金額暴增，尤其是2012年以來，存款金額如坐雲霄飛車般急速上升，曾高達8,000億歐元，這樣一來後遺症實在很大，銀行資金滿滿，濫頭寸一大堆，還好ECB於2012年7月11日開始，將隔夜存款利率從0.25%降到0，使得歐洲銀行業大舉抽出資金，零利率實施沒幾天，隔夜存款金額大減60%，只剩3,250億歐元左右，然而歐洲中央銀行的活存帳戶餘額卻馬上暴增，銀行只是把錢從隔夜存款帳戶又搬到活存戶，英國巴克萊銀行（Barclays）、德國德意志銀行（Deutsche Bank）、西班牙最大銀行桑坦德銀行（Banco Santander SA）、及英國的蘇格蘭皇家銀行（RBS），是存放央行資金最多的歐洲銀行，而存放央行資金增加最快的是法國興業銀行（Societe Generale）、瑞士聯合銀行（UBS）、法國巴黎銀行（BNP Paribas）、及英國駿懋銀行（Lloyds），事實上這只是一種零和遊戲，活存戶同樣是沒有利息的，只不過使用上更方便而已。

ECB是否會進一步將存款利率降至負值，值得觀察，瑞典央行2009年7月時是全球第一個將隔夜存款利率降至負值的央行，然而美國聯邦準備理事會則拒絕把存款利率自0.25%再向下調，其實負利率對ECB而言是否能收到預期效果，並不確定，這一發展凸顯歐洲銀行業不想多加放貸，曝露了保留現金為王懼怕風險的心態，不僅波及全球銀根緊縮，各行各業也都受到歐洲銀行為保留現金，緊縮銀根的壓力，例如，美國貨幣市場共同基金一向是歐洲銀行的金主，現在已緊縮借款給歐洲銀行，歐洲銀行放款也被主管當局要求提高放款準備金，迫使銀行降低貸款額度，歐洲銀行也只想找個安全穩當的投資工具，就以西班牙桑坦德銀行（Banco Santander SA）而言，該行自ECB借入400億歐元，大部分仍存放在ECB，該行存放在各央行的資金超過1,000億歐元以上，之所以會以現金為王，主要是因為怕擠兌，因為西班牙房市泡沫破滅後，銀行的房貸不斷轉為呆帳，西班牙政府因而積極鑑定各家銀行的放款價值。因此，銀行資金運用還是以安全為首要，那怕只能賺取到微薄的利息。活存戶是反映流動性的一個很好指標，也可見貨幣市場改善還不夠，歐元區需要的是經濟與財政狀況的改善，亦即資本市場的改善。

銀行超額準備正常時期平均也只有8億歐元，但是歐債危機愈演愈烈之際，銀行濫頭寸從2011年的8億歐元，急遽累積，一度高達53億歐元，目前仍居高不下，後續要注意的是，通貨膨脹問題。

歐元兌英鎊匯率自2009年以來直直落，還好兌美元自2009年以來是動態穩定於1.35上下巨幅波動，歐元兌日圓匯率、兌瑞郎匯率及兌澳幣匯率則是自2009年以來一路狂貶，兌人民幣匯率則是2011年以來狂貶。歐元貶值導致全球央行增加持有美元，削減歐元部位，IMF的統計資料明確顯示出，美元依然是全球央行外匯存底的主要選擇，而且是全球金融危機時的避險天堂。

二、歐元區不應只是貨幣聯盟

不要忘了歐元區除了是貨幣聯盟外，其實它也需要再進一步整合為經濟聯盟，不過目前似乎只停留於貨幣聯盟階段，歐洲中央銀行（ECB）是代表歐元區的中央銀行，就像美國聯邦準備銀行（Fed）代表美國中央銀行一樣，在歐債危機延燒將近三年越演越烈之際，ECB才在2012年7月11日降息一碼，主要再融通利率由1%降到0.75%，此一救經濟的舉動，還被國際貨幣基金總裁拉加德（Christine Lagarde）不寄厚望，表示對於降息的效果寄望不高，其實在2011年時，ECB開出先進國家第一槍，在4月13日與7月13日兩度升息，也同樣遭受質疑，索羅斯（George Soros）直言非常不恰當，主因數個歐元區國家仍深陷債務過於沉重以及利率過高的困境。不應升息卻升息，早該降息卻不降，顯示歐元區目前停留於貨幣聯盟階段的運作似乎不是那麼理想。

二、歐債危機的兩大原因

歐債危機已經導致歐元區全部國家的經濟趨緩，且正邁向衰退，歐元區之所以爆發銀行危機與主權債務危機，除了外在影響外，最主要原因為自作自受。外在影響是指美國次貸危機與全球金融海嘯所影響，自作自受包括兩個因素，第一個因素為歐元區各國的總體經濟表現與競爭力表現彼此差異很大；第二個因素為制度設計的缺陷，例如缺乏財政中央機構。

歐債危機源自於2008年的金融危機，在美國雷曼兄弟破產後，歐洲各國財長們保證不會有第二家大型銀行會倒閉，德國總理Angela Merkel隨後宣佈此一保證應由歐元區各國分別去履行，而非由歐盟統一執行，此一決定終埋下歐債危機的種子，因為其暴露了歐元結構的弱點，那就是缺乏共同的財政監管機構。不過歐債危機更加棘手，

2008年金融危機時，有美國金融主管當局撐腰，此次歐債危機卻缺少大一統的歐洲財政部相挺。

四、體質差異甚大的十七個成員國，全部採行同樣的貨幣政策

總體經濟表現是指經常帳失衡及國際收支危機，經常帳失衡的意思是有些國家的貿易一直是順差，例如，德國、荷蘭、芬蘭與盧森堡，而有些國家則一直是逆差，例如，希臘、葡萄牙、西班牙與愛爾蘭。競爭力表現是指工資相對生產力差異所造成的單位勞動成本與競爭力的差異，競爭力決定貿易及國力，制度設計之缺陷是指中央集權的貨幣政策搭配分權的各種政策，例如，分權的財政政策、分權的金融監理政策、分權的勞工與福利制度等等，以致，歐元區由歐洲中央銀行（ECB）來執行單一的利率與匯率政策，統一應付各國不同的股價、房價、貨幣流通量、銀行制度、國外負債、民間負債、政府負債、物價水準、工資、生產力、經濟成長、公務員薪資、學生學費、租稅收入及政治運作等等不同的情況，如此奇怪的制度設計，能夠不出問題嗎？歐元區各會員國的異質性對ECB的貨幣政策構成極大的挑戰。

有時候打房不是要提高利率嗎？愛爾蘭與西班牙的房價一直漲，卻無法提高利率因應，而德國房價不漲，同樣的，德國也不能調降利率刺激房市。而葡萄牙、西班牙與希臘的經常帳逆差那麼嚴重，它們卻無法讓歐元匯率貶值來刺激出口，改善經常帳逆差。同樣的，德國、荷蘭與盧森堡的經常帳順差那麼多，它們也無法讓歐元匯率升值來校正經常帳失衡。而愛爾蘭、希臘、西班牙、義大利與葡萄牙的財政赤字那麼嚴重，它們卻無法讓貨幣政策寬鬆，以抵銷緊縮財政的負面影響。類似的例子不勝枚舉，交出貨幣權還容易，頂多是資金過鬆或過緊，匯率過強或過弱，但歐元區要順利運作尚需財政能統合，否則歐元區雖是貨幣巨人，卻為財政侏儒，更何況實現歐洲共和國的美夢。

五、成立歐元區之前，應該先滿足歐元之父孟代爾的理論

歐元誕生於1999年1月1日，是歐洲貨幣聯盟（EMU）的統一貨幣，EMU的目標是達成貨幣聯盟與經濟聯盟，透過統一的貨幣政策達成物價穩定目標，而歐盟之穩定暨成長協定（Stability and Growth Pact, SGP）亦為EMU會員國訂定了財政標準，也就是會員國的政府預算赤字不得超過GDP的3%、政府的債務餘額不得超過GDP的

60%，在統一的貨幣政策及分離的財政政策治理下，歐盟內的生產要素包括資金及勞動與金融商品均可自由移動，以追求歐元區經濟之整合及穩定成長，即使跨國間經濟結構存在差異性，歐元成立初期來，仍令人驚豔。

其實歐盟的成立，政治因素多於經濟與金融層面考量，也沒有完全考量歐元之父孟岱爾（Mundell）的最適通貨區域理論問題，也就是說，歐元區沒有完全滿足1999年諾貝爾經濟學獎得主孟岱爾的最適貨幣區的四個條件：歐盟成員國間的齊質性、彈性的國內物價與工資、機動流動的勞力、財政能相互移轉[1]。談到財政要能相互移轉，那是很不容易的事，若能作到交出財政與預算大權，歐元區鐵定能逢凶化吉，運作順暢，否則也只能在架構上修修補補，絕對經不起大風大浪，歐元區內成員國本是同林鳥，大難臨頭一定各自飛，歐元區平均每人GDP躋身世界前端，2011年「財政赤字/GDP」比率只有4.1%，較美國與日本低；「政府負債/GDP」比率為88%，也遠低於美國及日本；「經常帳餘額/GDP」比率為-0.3%，較美國的-3.2%亮麗，歐元區這些數字雖好看，結果卻不如人意。

六、歐元區眞正需要的是政治聯盟

誠如德國前總理，同時也是歷史學家及歐元催生者之一的Helmut Kohl站在德國聯邦議院前，說出一句流傳後世的名言：「近代史一再訓誡我們，排除政治聯盟，而能維持經濟與貨幣聯盟運作的概念，是荒謬的」，是歐債危機最佳的註解[2]，也就是說，歐元區需組政治聯盟，才能達到結構性的根本改革。如今因為希臘的財政赤字真相紙包不住火，2009年10月終於爆發歐債危機，我們要說的是，歐元區的內部失衡與制度缺陷才是歐債危機的原因。歐盟的法律架構亦讓危機解決方案變得複雜，例如，歐洲聯盟運作方式條約（Treaty on the Functioning of the European Union）（或里斯本條約）第125條的「不准紓困」（no bailout）條款，係禁止歐盟會員國承擔其他會員國之負債，而第123條係禁止ECB及各國央行均不得出資挹注特定國家、機構、政府等組織，國際信貸機構則不在此限，亦即不得直接提供信用給公務機構，以免以貨幣融通財政赤字。不過還是有方法解決這兩條緊箍咒條款的限制，譬如，成立財政聯盟及讓ECB融通政府赤字，則可分別解決以上問題，本書第八章會進一步說明。

七、歐債危機何時了

應該是不會結束的，會變慢性病。2012年5月，歐洲中央銀行總裁Mario Draghi將歐債危機比喻為「在湍急河流中渡河，許多歐元區國家仍然在河流中間」（crossing a river and facing very hard currents, many euro-zone countries are still in the middle of the river），2012年6月27日，英國金融時報報導指出，英國央行總裁金恩（King）表示，歐債危機在未來幾年將持續拖累英國經濟發展，他無法預期歐元區下一步之演變，與其今日做出決定，很多人寧可再等待兩年，以觀察後續狀況。可見歐債危機還有一段漫長的路要走，情勢仍然險惡。

八、歐元不是巴別塔

國際重要財經界人士唱衰歐元的不少（表1.1），哈佛大學經濟學教授Robert Barro認為，歐元已經失敗，應該在兩年後停用。國際貨幣基金（International Monetary Fund, IMF）首席經濟學家布蘭查德（Olivier Blanchard）認為，歐元區有解體可能，後果比大蕭條更嚴重。國際投資大師羅傑斯（Jim Rogers）看空歐元，已賣掉所有手上歐元。末日博士羅比尼（Nouriel Roubini）認為，歐陸衰退日益加劇，歐元幣值高估至少30%，希臘也應退出歐元區，歐元區最快三年內瓦解。諾貝爾經濟學獎得主克魯曼認為，要救歐元就不該堅持撙節政策，否則歐元區很快瓦解。金融大鱷索羅斯（George Soros）認為，歐元正面臨崩解，盼歐盟國家拿出強力措施。投資大師「股神」巴菲特認為，在現行規範下，歐元顯然無法存活，存在致命缺陷，歐元體系註定失敗。

經濟學家伯納德・康納利（Bernard Connolly）目前擔任Connolly Global Macro Advisors的執行董事，1990年代早期任職於歐盟經濟學家，並曾參與協助設計歐元的架構，但之後他卻改變立場發表反對歐元的意見，而遭解任。於1998年歐元正式上路的前一個月，康納利預言會有至少一個經濟較弱的歐洲國家，將面臨財政赤字上揚與經濟蕭條，進而產生主權債務危機。歐洲目前爆發債務危機就是從希臘開始，並蔓延至義大利與西班牙。康納利認為，對於希臘、義大利、葡萄牙與西班牙而言，目前歐盟的援助方案，加上財政撙節措施，將會導致社會動盪不安，無法單靠刪減開支換復甦，事情並沒有那麼簡單，上述四個國家，都有著內戰、法西斯極權統治、革命的歷史。

康納利長久以來的主張為，將單一貨幣強加實施於許多各自歧異的國家，終究會發生毀滅，此一論點已受到廣泛的關注，現在歐盟成了一個大爛攤，他的話越來

表1-1：國際重要財經界人士2012年對歐元看法

1.11	哈佛大學教授Robert Barro	歐元已經失敗，應該在兩年後停用。
4.23	國際貨幣基金首席經濟學家布蘭查德	歐元區有解體可能，後果比大蕭條更嚴重。
5.15	國際投資大師羅傑斯	歐洲的後勢難以樂觀，已賣掉所有手上歐元。
5.20	末日博士羅比尼	歐陸衰退日益加劇，歐元幣值高估至少30%，希臘也應退出歐元區，歐元區最快三年內瓦解。
6.5	諾貝爾經濟學獎得主克魯曼	要救歐元就不該堅持撙節政策，否則歐元區很快瓦解。
6.26	金融大鱷索羅斯	歐元正面臨崩解，盼歐盟國家拿出強力措施。
7.13	投資大師「股神」巴菲特	在現行規範下，歐元顯然無法存活，存在致命缺陷，歐元體系註定失敗。

資料來源：自由時報

越多人相信了，尤其是避險基金因此開始對歐元區的解體下賭注。此外，有許多外國央行也是康納利的忠實讀者，加拿大央行總裁Mark Carney於2008年時，就曾引用康納利、羅比尼與哈佛大學經濟學家Kenneth S. Rogoff對於全球金融危機的預測，長久以來持續質疑歐元區問題的英國央行總裁Mervyn A. King，亦為其擁護者之一，康納利於1995年著書《歐洲從內爛去》（*The Rotten Heart of Europe*），揭開了歐盟的許多問題，自然而然使他成為不受歡迎的人物，該書已絕版，惟芝加哥期貨交易所之Yra Harris及其同事已出資要求出版商重印該書。

當G20及IMF會員國決議提供4,300億美元資金，以用於預防及解決金融危機時，美國並未承諾提供IMF資金，美國財政部長Geithner的理由是，歐元區有能力解決自身問題。因此，歐元區會瓦解嗎？本書認為不會，這就像聖經所說的巴別塔（The Tower of Babel）的故事，據聖經創世紀第十一章記載，巴別塔是當時人類聯合起來興建，希望能通往天堂的高塔，不過上帝認為若此塔建成，人類將會為所欲為，因此讓人類說不同的語言，使人類相互之間不能溝通，巴別塔計畫終致失敗，人類自此各散東西，歐元區的工程雖沒那麼浩大，繁複不易溝通與妥協卻不在話下，主權在握是不易改變的，歐元不是巴別塔，歐元計畫不會失敗，因為沒有人承擔得起失敗的代價，因為歐盟、國際貨幣基金、ECB永遠有短期的救急措施，只要有這些救急措施就不會瓦解，例如，歐洲穩定機制（European Stability Mechanism, ESM）至少有5,000億歐元，可以啟動ESM紓困銀行，甚或歐盟、國際貨幣基金貸款給政府。為什麼短期的救急措施這一套行得通呢？因為那些資金都是來自各國的捐款，捐一點資金影響不了一個國家的命脈，這些短期的救急措施就如金融大鱷索羅斯2012年6月24日在倫敦接受專訪所說的，決策者應該創立一個歐洲財政授權基金來收購主權債券，交換義大利和西班牙必需採取確實可行的預算削減措施，而購買主權債券的資金可以來自發行由各歐元成員國擔保的歐洲債券（就是一般所說的歐元公債，而歐元公債的官方用語是穩定債券），這種債券的殖利率應會較低。

九、達成歐洲共合國的理念：「吃虧就是占便宜」

但是若要讓歐元區能夠脫胎換骨，就要各會員國交出財政預算權與金融監理權，那幾乎是喪失主權了，因為貨幣、財政、金融的主權都已通通交出去。但是光有短期的救急措施是沒辦法讓歐元區成為歐洲共合國（United States of Europe）的，要歐盟十七個成員國共同擁抱同一個貨幣，但是彼此經濟、政策、歷史和生活方式等迥異之處，並未隨時間流逝而有縮小差距的跡象，更無法期待在可預見的未來走向整合的局面，試想希臘有可能越來越像德國嗎？試想德國會同意交出財政預算權這樣的作法嗎？就像企業合併也要評價後覺得有合併綜效（也就是一加一大於二），兩家企業才有可能合併，如果德國願意和希臘等國家結為生命共同體，彼此資源共享，就只有一個可能，那就是德國秉持著「吃虧就是占便宜」的理念，若能如此，就沒有同床異夢這回事了。

十、要完整分析歐債危機，不能遺漏歐元區的支付系統

要完整分析歐債危機，需要分析歐元區的國際收支失衡與競爭力危機，貨幣政策、財政政策與金融穩定政策的三角關係，歐元區支付系統TARGET2[3]的運作方式以及它的帳戶餘額所代表的涵義，最重要的是它在歐債危機發生後所發生的滔天巨變及其在歐債危機上所擔負的角色，而且像TARGET2系統它與國際貨幣基金（IMF）及歐盟之金援，與ECB的貨幣政策措施都有關係，像歐元區這種貨幣聯盟，有一條會計恆等式可描述它的資金關係，也就是說：經常帳餘額＋私人資金流入＋（IMF、歐盟等）紓困救助資金＋ECB的證券購買方案（Security Market Program, SMP）的買進公債金額＋TARGET2餘額＝0。

本書除第一章前言外，其餘章節安排如次：

第二章：歐債危機的原因

第三章：歐元區貨幣政策、財政政策、金融穩定政策：不可能的三頭馬車？還是神聖的三位一體？

第四章：少為人關注的七項歐債危機經濟學議題

第五章：總體經濟失衡與競爭力危機之探討

第六章：歐債危機的紓困與曝險分析
第七章：歐債危機引起歐元區支付系統TARGET2嚴重失衡
第八章：歐債危機之因應措施及對東亞金融整合之啟示

附註

1. Mundell R. (1961), "A Theory of Optimum Currency Areas," America Economic Review.
2. http://fund.cnyes.com/Report_Content.aspx?kind=6&sn=20120305172833194570812。
3. 有關TARGET2之意義、運作與失衡等種種問題，將於第七章詳細分析。

第二章

歐債危機的原因

首先介紹歐盟（European Union, EU）、歐洲貨幣聯盟（European Monetary Union, EMU）及歐元區（Eurozone）的意義，其次介紹歐元區的雙支柱貨幣政策策略及公開市場操作的內容。

一、歐盟、歐洲貨幣聯盟及歐元區

歐盟是由歐洲二十七個國家所組成的政治與經濟的同盟組織，大家熟悉的歐盟執委會（European Commission）是歐盟內部的三大組織之一，而歐洲貨幣聯盟（EMU）則是代表經濟與貨幣聯盟（Economic and Monetary Union），是歐盟內使用歐元的組織，大家需注意的是，歐洲貨幣聯盟除了是貨幣聯盟外，它也具有經濟聯盟的任務，廣為人知的馬斯垂克條約（The Maastricht Treaty）則是歐洲貨幣聯盟的創盟條約，歐元區是歐盟二十七個會員國中的十七個國家的組織，共同以歐元為貨幣，並由歐洲中央銀行（ECB）負責執行貨幣政策。由此我們可以知道，歐元區只是在執行歐洲貨幣聯盟的貨幣聯盟任務而已，它並沒有執行經濟聯盟任務。事實上，貨幣政策與財政政策、經濟政策（包括就業、勞工、貿易、產業）、金融政策與教育政策都有關係，不同政策在執行時需要相互協調與合作。

表2.1：歐洲歷史大事紀

1945年	二戰結束。歐洲5千萬人喪生。
1950年	在歐洲建立一個新型國家組織的計劃誕生。如今，每年的5月9日這天，人們都要慶祝「歐洲日」。
1951年	為了確保永久和平，歐洲煤鋼共同體成立，以防止各國隨意備戰。
1957年	合作延伸到貿易領域，共同體6個創始國創立了一個「商品和服務的共同市場」。
1987年	「單一市場」的概念出臺。它不僅適用於商品和服務領域，而且還涉及了資金和人員自由流動。
1993年	「馬斯垂克條約（Treaty of Maastricht on European Union）」簽訂，歐洲聯盟成立，確定歐元為歐洲統一貨幣。
2002年	歐元取代12國貨幣。歐洲一體化進程達到新的高度。

二、歐元區的雙支柱貨幣政策策略

前ECB總裁Trichet（2010）指出，信用過度膨脹接著就會發生金融危機，如1980年代的美國儲貸危機、2000年的網路泡沫危機、2007~09年的金融海嘯，這凸顯貨幣分析的重要性，也就是說評估信用狀況是貨幣政策決策的主軸，密切觀察貨幣與信用發展可研判資產價格是否威脅物價與總體經濟穩定，這也是ECB貨幣政策的研究架構，目前先進國家僅有ECB仍訂定貨幣成長目標，採行雙支柱貨幣政策策略，正式進行貨幣分析，ECB仍相當看重貨幣分析以控制物價目標。1998年12月，ECB將M3年增率參考值訂為4.5%，至今從未更改過，原因是物價穩定目標設定在調和的消費者物價指數（Harmonised Index of Consumer

Prices, HICPs）年增率2%以下，潛在產出成長假設為2%~2.5%，M3流通速度趨勢約下跌0.5%~1%。也就是說，貨幣成長目標＝物價穩定目標＋潛在產出成長目標＋調整貨幣流通速度＝4.5%。但由於歐元區之貨幣與通膨關係不如以往密切，2003年5月起，ECB轉而將重心放在貨幣與通膨的長期關係上，4.5%的M3年增率參考值不再是每年要達成的目標，而是長期的觀察指標，若M3年增率大幅而持續偏離4.5%，表示中期時存在物價穩定風險。

三、歐元區的公開市場操作

（一）歐元區的公開市場操作

歐元區的公開市場操作分為：

1. 主要再融通操作（Main refinancing operations, MRO），每週進行操作，實際參加MRO操作的銀行平均有145家；
2. 長期再融通操作（Longer-term refinancing operations, LTRO），每月進行操作，實際參加LTRO的銀行平均有94家；

3.微調操作（Fine-tuning operations, FTO），不定期進行操作；

4.結構性操作（Structural operations, SO），不定期進行操作；

歐元區的銀行或信用機構大概有6,334家，可以參與公開市場操作的銀行大概有2,267家。歐元區除了公開市場操作還有常備性設施（standing facility），包括邊際放款設施（Marginal Lending facility）及存款設施（Deposit facility）。

（二）歐元區的目標利率與英美之比較

ECB、美國聯邦準備銀行（Fed）、英國央行均以隔夜拆款利率為目標利率，而瑞士央行則以瑞士法郎三個月期LIBOR（倫敦銀行間拆款利率）之利率區間做為目標利率。這兩種不同的目標利率選擇各有優點，最短期利率對央行而言，較容易設定目標水準，但是較長期的利率則與經濟活動相關性較大，因為較長期的利率會影響企業投資，以及家戶單位房地產決策。在金融危機期間，央行採用三個月期LIBOR利率可以穩定長期利率，另一方面，最短期利率容易受到風險與流動性的變動影響而大幅波動，於金融危機期間，四家央行均採行非傳統貨幣政策，使得資產負債表大幅擴張。此四家央行管理資產負債表之方式主要係結合三種工具：支付超額準備金利息、發行央行票券、及附賣回交易。比較四家央行對於擴大後資產負債表的管理方式後顯示，

各央行管理方式的差異部分係反映其市場操作的特性，目前尚無法判定其優劣，但是央行決策者須體認舉措與策略的選擇，將引領經濟的未來走向。目前ECB的資產負債表規模是全球最大。

四、發生歐債危機的六個原因

美國次貸危機演變為全球金融海嘯，又進一步發展為歐洲銀行危機與主權債務危機。歐洲危機發生於2009年10月，從希臘開始，隨後波及愛爾蘭與葡萄牙，並延燒西班牙及義大利。歐債危機發生的原因主要有六個原因：(1)制度設計不完整、(2)銀行與主權雙危機相互反饋，形成邪惡的循環並逐漸擴散蔓延、(3)資本市場之風險定價錯誤與資金分配不當、(4)三重危機導致歐元區內部的結構失衡、(5)對歐洲政府因應危機的方式缺乏信心、(6)缺乏霸權穩定局勢。

壹、制度設計不完整

一、希臘預算赤字造假，引爆歐債危機

2009年11月5日，希臘總理巴本德里歐（George Papandreou）公布真正的預算赤字為GDP的12.7%，超過之前公布數字的兩倍，亦遠高過歐盟「穩定與成長公約（Stability and Growth Pact, SGP）」所設下的「政府財政赤字/GDP」比率不得高於3%之上限。由於財政赤字過高，2009年12月8日，惠譽信用評等公司將希臘主權信用評級由「A-」降為「BBB+」，標準普爾及穆迪信用評等公司亦採取同樣調降評級之動作，理由是希臘撙節方案無法持續減少公共債務，希臘債信評等曾被調降至「選擇性違約」（selective default）等級，因為希臘將「集體行動條款」（collective-action clauses）納入主權債務中，以強迫債權人必須進行債務交換，此已構成違約要件，希臘成為歐元區成立十三年以來，第一個正式被列入違約等級的國家。其實不僅希臘，義大利及西班牙亦有隱匿財政赤字現象。

希臘的財政問題讓人憂慮希臘無法還債，接著信評被調降，公債殖利率隨即大幅上揚，使得政府不易順利從資本市場籌資還債，引發經濟向下螺旋，希臘即使得到歐

盟與IMF的紓困，市場對希臘經濟依然缺乏信心，而且無法阻止危機的傳染與蔓延。

希臘危機加上歐盟未能迅速反應並採取行動，讓人憂慮歐元區周邊國家GIIPS[1]歐豬五國之債務問題、結構與競爭力問題，使得GIIPS之公債殖利率大幅上漲，甚至曾漲破7%，因此借款成本顯著增加，公債信用違約交換（Credit Default Swaps, CDS）利差大幅上揚，表示對GIIPS之償債能力失去信心，GIIPS可說已出現信用危機。歐債危機演變至今，希臘退出歐元區的風險一度升高，穆迪已將希臘評級降至Caa2，歐債危機更凸顯出歐盟內部之總體經濟失衡問題非常嚴重。

二、希臘這麼小的國家為何能重創全球

（一）貨幣聯盟的缺陷

希臘GDP占歐元區GDP只有2%左右，為何會為歐元區帶來重大浩劫，德國經濟學家Ulrich（2012）分析歐債危機的原因後指出，歐元於1999年問世後，為區域貨幣整合創造重大利益，但歐債危機則凸顯出貨幣聯盟之負面效果，當貨幣聯盟內部之失衡不斷累積且不可持續時，貨幣聯盟的問題將陸續浮現，不僅影響歐洲經濟與貨幣聯

盟（EMU）內部的演變，且影響歐元區及歐元的未來。

（二）法系銀行受希臘債務危機波及較大

由於市場擔心希臘倒債，歐元區十七國償還其債務的能力也受質疑，牽連歐系銀行，而為因應希臘債務危機，歐系銀行已降低其美元放款部位，法系銀行更甚，除降低美元債務外，並進行裁員、處理一些投資，以增加現金部位，雖然法系銀行一再向投資人喊話，惟法國三大銀行自2012年7月以來，股價已腰斬。倫敦銀行間拆款利率（LIBOR）走高，外國銀行短期美元借款利率飆高。由於銀行間彼此不願拆放資金，使得ECB銀行隔夜存款餘額亦創新高。而法系銀行受希臘債務危機波及較大的原因是，法國三大銀行BNP Paribas、Societe Generale及Credit Agricole全體對希臘政府及民間債務的曝險總額達567億美元，對西班牙債務的曝險為1,400億歐元，對義大利債務的曝險則高達4,000億歐元。

除了歐洲投資人拋售歐系銀行股票外，美系銀行也降低對歐系銀行的放款，並停止新的放款。美國貨幣市場共同基金及短期信用提供者收回了約500億美元對歐系銀行的拆放，與美國銀行不同是，法系銀行較依賴短期資金，美國貨幣市場基金雖然降低了對法系銀行的拆放，惟金額仍達1,610億美元。某些大型美國銀行也開始關心與法系銀行的衍生性金融交易，Societe Generale及BNP Paribas是主要的兩家參與國際衍生性金融交易市場的法系銀行。不過對歐系銀行放款的降低與2008年Lehman Brothers破產時比較，仍屬漸進式的。此外，並非所有人均如此悲觀，某些貨幣市場主要參與者如Fidelity及Federated均對法系銀行表示信心，Federated經管的1,140億美元資產有約13～17%仍維持投資在法系銀行債務。法國政府官員聲稱做為法系銀行的後盾，法國央行總裁Christian Noyer發表聲明稱，無論希臘問題如何發展，法系銀行均有辦法應付，對於法系銀行會否被國營化的問題，法國工業部長稱為時尚早。

雖然目前市場較關注歐系銀行，惟因諸多不確定因素，加上美國金融主管機關也不清楚美系銀行在衍生性產品方面對歐系銀行的曝險如何，如時間拉長，將加深投資人對歐、美銀行的疑慮。

三、政治聯盟是歐元區不見了的機構

歐債危機不是歐元危機，是主權債務危機[2]、銀行危機與國際收支危機，三重危機相互反饋所醞釀形成，它的原因很大一部分是來自於歐元區的設計並不完整，尤其是它缺乏政治聯盟的設計，以致於無法吸收總體經濟失衡的衝擊，造成歐元區內部之經常帳一直處於失衡狀態，也就是說它缺少一政治聯盟的機構，前歐洲中央銀行（ECB）委員Gonzalez-Paramo（2012）把它稱為迷失的機構（missing instituions），如若建立更強的經濟聯盟與金融聯盟，就可以補足迷失的機構。比利時Bruegel政策中心主任Jean（2012）則告訴我們，嚴格的不准貨幣融通、銀行與主權相互依賴、政府債務不能相互紓困，三者不可能同時併存，三者同時運作是新的不可能的三頭馬車或不可能的三位一體（new impossible trinity），是導致歐債危機的原因，為能讓歐元體系順利運作，必須放棄其中一項任務。

四、德國扮演歐元區穩定安全島的角色

1991年的「馬斯垂克條約」重要特色就是穩定，目標之一即為發行歐盟統一貨幣，並輸出德國穩定的文化。在貨幣政策方面，是透過歐洲中央銀行穩定物價為導向之貨幣政策來達成任務的，而為維持歐元區國家的財政紀律，財政預算與政府債務的健全，歐元區各國於1997年簽訂「穩定及成長公約」（Stability & Growth Pact, SGP），規範財政赤字與債務上限，亦即「政府財政赤字/GDP」比率不得高於3%，「政府負債/GDP」比率不得高於60%，若違反規定將處以0.5% GDP的重罰，俾滿足

德國扮演歐元區穩定安全島的角色。

五、加入歐元區前需滿足四項收斂準則

要加入歐元區，需滿足四項收斂準則[3]（convergence），四項收斂準則為：⑴物價穩定：以調和的消費者物價指數（HCPI）衡量的通膨，不超過物價穩定表現最好的三個會員國1.5%。⑵財政的可持續性：「政府財政赤字/GDP」比率不得高於3%。「政府負債/GDP」比率不得高於60%，如果一國負債水準高於GDP的60%，高出的部分應當按每年5%的速度予以消除。若一國處於過度赤字程序（excessive deficit procedure）中，則需接受懲罰。⑶匯率穩定：對歐元維持在正常波動區間，且無貶值或是嚴重緊張的情勢發生。⑷低水準的公債利率：要加入歐元區，需滿足四項收斂準則，若一國經濟財政已持續有收斂的傾向，則持續收斂的期間應能反映於長期利率水準，要加入歐元區，長期平均公債名目利率，不超過物價穩定表現最好的三個會員國兩個百分點。

表2.2：加入歐元區的標準

衡量對象	如何衡量	趨同性準則
價格的穩定性	消費品價格上漲率是否一致	與通膨率最低的三個成員的國平均值相比，不得高於1.5%。
財政的健全性	政府赤字在GDP中所占比重	不得超過GDP的3%。
政府債務的可持續性	政府債務在GDP中所占比重	不得超過GDP的60%。
趨同的持久性	長期利率	不得超過價格穩定性最好的三個國家平均值的2%。
匯率的穩定性	與基準匯率的偏離情況	加入匯率機制兩年內沒有嚴重的匯率波動。

六、「穩定及成長公約」（SGP）形同虛設

1999年至2011年間，歐元區平均通膨率只有1.99%，證明歐洲貨幣聯盟是對的，失敗的是經濟聯盟，歐盟原本制度設計良好，惟德國因2003年率先違反規定，嗣後聯合法國中止公約運作，公約制定至今從未有國家被罰款，導致公約喪失公信力。近十年來，歐元區國家完全符合SGP規定之國家僅有盧森堡、芬蘭及愛沙尼亞（2011年新加入）等三國。

另有大陸學者指出，歐洲一體化、萊茵模式和低生育率是導致本次歐債危機的關鍵因素。歐盟為希臘這樣赤字和債務不佳的國家打開方便之門，正是歐元的一體化為德國

帶來大量的好處，反而使得希臘這樣的弱勢國家更加虛弱。代表高福利的萊茵模式使得歐洲負擔沉重，葡萄牙和希臘等國的實體經濟遠不及法、德，但是福利卻迅速跟法、德接軌，這導致本國財富的流失。美國諾貝爾經濟學獎得主Paul Krugman（克魯曼）提出歐元的不靈活性（the inflexibility of the euro），是危機的核心原因，希臘與西班牙等國的債務問題其實和這些國家的財政紀律關係不大，主要是歐元區成員國貨幣上的統一與財政政策和勞工市場方面未融合的矛盾，所引發的難以收拾的亂局。歐債危機的產生是結構性的，歐元區國家的主權債務危機，反映出歐元區所存在的一個結構性問題，奉行單一貨幣政策和各國分散的財政政策所造成。雖然歐盟的設計者們之前已經考慮到了這個問題，但是各種改革和監管最終流於形式，終引發本次危機。

七、歐元區的勞動移動性並非孟代爾的理想狀況

若就孟代爾（Mundell）的最適貨幣區的機動流動的勞力與財政能相互移轉這兩個條件來看，歐元區的勞動移動性並非Mundell的理想狀況，而貨幣聯盟除須以財政移轉來分攤風險，還須明定最後貸款者的規則，中央銀行一般被賦予銀行的最後貸款者，也就是說，中央銀行是銀行的銀行。分述如下。

後凱因斯經濟學派與現代貨幣理論（Modern Money Theory）、國家貨幣主義（Chartalism）均認為通貨由政府發行，反對Mundell的最適通貨理論，他們均主張一國一貨幣，若違反此一原則將帶來災難，例如，阿根廷與歐元區，認為貨幣政策、財政政策、租稅政策密切相關，財政政策不可能與貨幣主權分離，此與歐元區應成立財政部或財政聯盟之聲音不謀而合。在西班牙和希臘這樣的歐元區國家，年輕人失業率突破了50%，愈來愈多的失業人口選擇離開職場，尤其是年輕族群，他們將來可能淪為失落的一代。

目前歐元區國家的邊界與使用歐元之區域完全重疊，其實這是不需要的，重要的是勞工要能在歐元區內自由移動。歐元區的工人們正在離開爆發危機的歐元區國家，例如，葡萄牙工人正在逃向巴西和澳門，愛爾蘭工人正在遷往加拿大、澳大利亞和美國，西班牙工人正在湧向羅馬尼亞。

八、貨幣聯盟須以財政移轉來分攤風險，還須明定最後貸款者的規則

一個成功的貨幣聯盟尚需要政治整合，如果缺乏匯率工具來因應衝擊，貨幣聯盟

就需要財政轉移來分擔風險，除了財政移轉，貨幣聯盟還須明定最後貸款者（lender of last resort）的規則，目前有關歐洲中央銀行扮演最後貸款者的角色要扮演到什麼程度，各方意見還未達到一致的共識，有人提出歐洲中央銀行可在財政部發行公債時買進公債，也能夠在次級市場購買公債，雖然歐洲中央銀行在歐債危機時確實推出證券市場購買方案，到次級市場購買公債，不過至今仍有人反對此一作法，認為歐洲中央銀行已失去獨立性，因為央行購買公債的原意是為了貨幣政策操作，而不是為了救銀行或紓困某些政府，其實歐洲中央銀行推出兩次的三年期長期再融資操作，貸放給銀行的款項，也是希望銀行能去買公債，以拯救危機國家。

貳、銀行危機與主權危機相互反饋形成邪惡的循環，並逐漸擴散蔓延

一、政府負債惡化，連累了銀行的資產負債表也跟著惡化

2010年所發生的歐債危機常被誤解為主要是政府過度支出及奢華的社會安全福利制度所引起，而且歐債危機的起源可追溯自2008～2009年的全球金融海嘯，然後演變為歐洲銀行危機及主權債務危機。而歐元區財政赤字惡化的原因主要是下列因素所導致：⑴為降低產出下跌的衝擊，實施擴張性財政政策。⑵失業率提高。⑶稅收減少，移轉支付大幅成長。⑷銀行危機及房價泡沫破滅。有些國家對銀行紓困，使得民間負債變成政府負債，例如，愛爾蘭與西班牙，銀行危機因而演變成為主權債務危機，使得「政府負債/GDP」比率大幅提高。

（一）芬蘭與荷蘭的債務最健全

歐盟統計局資料顯示（表2.3），除芬蘭外，歐元區的政府負債總額占GDP比率

表2.3：歐盟「政府負債/GDP」比率

單位：%

年	德國	愛爾蘭	希臘	西班牙	法國	義大利	荷蘭	葡萄牙	芬蘭	英國
1995	55.6	81.2	97	63	55.4	121	76	59.2	56.6	51.2
1996	58.5	72.7	99.4	67	58	120	74	58.2	57	51.3
1997	59.8	63.7	96.6	66	59.4	117	68	54.3	53.9	49.8
1998	60.5	53	94.5	64	59.5	114	66	50.3	48.4	46.7
1999	61.3	48	94	62	58.9	113	61	49.4	45.7	43.7
2000	60.2	37.5	103	59	57.4	109	54	50.4	43.8	41
2001	59.1	35.2	104	56	56.9	108	51	53.5	42.5	37.7
2002	60.7	31.9	102	53	59	105	51	56.6	41.5	37.5
2003	64.4	30.7	97.4	49	63.2	104	52	59.2	44.5	39
2004	66.3	29.4	98.9	46	65	103	52	61.9	44.4	40.9
2005	68.6	27.2	101	43	66.7	105	52	67.7	41.7	42.5
2006	68.1	24.7	107	40	64	106	47	69.3	39.6	43.4
2007	65.2	24.8	107	36	64.2	103	45	68.3	35.2	44.4
2008	66.7	44.2	113	40	68.2	106	59	71.6	33.9	54.8
2009	74.4	65.1	129	54	79.1	116	61	83.1	43.5	69.6
2010	83	92.5	145	61	82.5	119	63	93.3	48.4	79.6
2011	81.2	108.2	165	69	86.4	120	65	108	48.6	85.7

資料來源：Eurostat

均超過歐元區設訂的60%目標，其中最受人矚目的是義大利與希臘，2011年分別高達120%及165%，是歐元區債務比率最高的國家。荷蘭債務比率65%雖然是超標，但比起其他國家稱得上是模範生，難怪芬蘭與荷蘭公開反對以歐洲穩定機制（ESM）的資金在次級市場購買公債的方案。

（二）希臘的債務最糟糕

「政府負債/GDP」比率（表2.3）超過100%的國家包括希臘、愛爾蘭、義大利及葡萄牙，在主權債務超過經濟規模的情況下，不斷飆升的借貸成本可能造成債務本息增長速度超過名義GDP增長速度，歐洲央行在2011年實施所謂的證券市場方案（SMP），買進了西班牙等國的公債，其實已經是在給借貸成本設置上限，不過，此後歐洲央行不再收購公債，而是通過三年期的長期再融通操作（LTRO）向銀行業提供了1兆歐元資金，這些資金其實也是希望能用於購買公債，這些目的都是希望能降低債務負擔。

希臘於2001年起加入歐元區，加入後至今未曾符合過SGP的規定，同時社會福利制度浮濫拖垮財政，逃漏稅嚴重等問題，長期累積而不堪負荷。2009年10月，希臘政黨輪替後，新政府大力進行財政改革而遭罷工反抗，同時被國際禿鷹趁機狙擊重挫股市，再遭國際信評機構陸續將債信評等降級，使得國際債權人唯恐希臘無法履行償債而違約（default），因而導致債信危機之爆發，凸顯歐元區各國財政強弱差異很大，先天上有結構性脆弱的問題。希臘於加入歐元以前，「政府負債/GDP」比率尚低於100%，2003年以來持續增加，2009年起急速上揚，2011年比率高達165%，愛爾蘭、英國、西班牙及葡萄牙，亦急速惡化，義大利在加入歐元區後，比率持續降低，2005

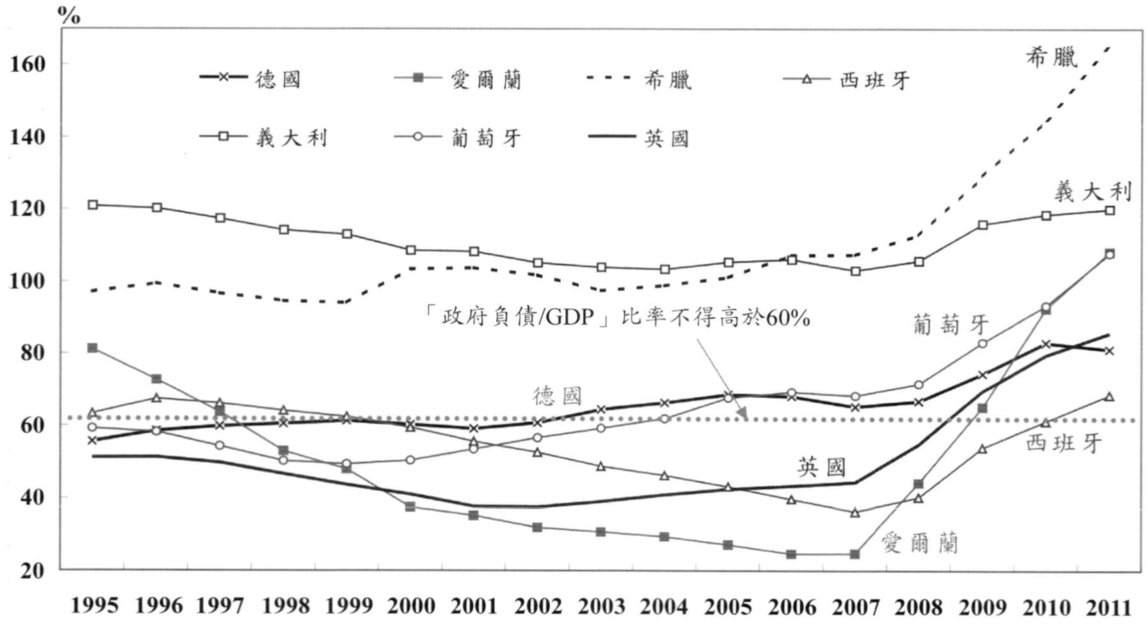

資料來源：Eurostat

圖2.1：金融危機以來，歐盟「政府負債/GDP」比率大幅提高

年才又逐漸提高，但情況不算嚴重（圖2.1）。2020年以前，希臘被要求將「政府負債/GDP」比率降低到120%，這是一項艱巨的任務。

（三）愛爾蘭受銀行過度投資房地產影響，由模範生轉為劣等生

特別值得一提的是愛爾蘭，從1990年至2007年的十七年間，平均經濟成長率高達6.5%，由於經濟成長強勁，遂得到「凱爾特猛虎（Celtic Tiger）」的綽號，1997至2007年間，愛爾蘭均為財政剩餘（2002年為-0.4%為例外），因而使得愛爾蘭「政府負債/GDP」比率，亦從1997年的63.7%，穩定而持續的降至2007年的24.8%，讓愛爾蘭成為債務負擔最低的歐盟會員國之一。然而愛爾蘭銀行業過度投資房地產，因2008年全球金融危機爆發，導致房地產泡沫破滅，銀行業發生大量呆帳，導致市場信用流動性不足，2008年9月，愛爾蘭發生銀行危機，據估計，愛爾蘭國營銀行2007年的資產負債表規模為GDP的3.7倍，由於受到歐盟、ECB及美國之壓力，愛爾蘭政府遂擔保了國營銀行大部分的負債（約4,400億歐元），使得「政府負債/GDP」比率，由2007年的24.8%大幅提高至2008年的44.2%，並逐年持續提高到2011年的108.2%，這簡直是不可思議的一件事，終致需靠歐盟與IMF金援紓困，2011年11月，金援金額高達900億歐元，以協助還債及資本增資之需，因此愛爾蘭的主權債務危機可說是銀行

危機所引起。

（四）西班牙房市泡沫破滅導致銀行倒閉，但政府債務受影響程度並不大

西班牙與愛爾蘭一樣，財政一直穩健，至2007年，西班牙的政府預算還算是個模範生，更沒有債務問題，至2010年，西班牙的政府負債一如以往水準，均未超過歐盟的穩定與成長公約（SGP）所設下的財政赤字與債務上限標準，2008年才出現財政赤字問題，因為產出縮減，導致房市泡沫破滅，從2010年至2012年，一些地區相繼出現銀行擠兌潮現象，由於嚴格的監管，西班牙銀行業大多在全球金融危機中安然無恙。但是持續了十年的房市泡沫，給西班牙銀行業留下了2,000億歐元的巨額債務，在房地產開發商處境艱難之際，西班牙的儲蓄銀行由於對這些開發商，提供了貸款而承擔了最大的風險，隨後壞帳大幅增加，儲蓄銀行的資本遭到侵蝕。西班牙央行不得不接管儲蓄銀行，反映出房地產泡沫給儲蓄銀行業帶來的困境。

與愛爾蘭一樣，西班牙的銀行業也因房地產市場嚴重下滑而受到重創，面對同樣的情況，ECB的態度卻完全不同，ECB主張讓受損最嚴重的西班牙儲蓄銀行的優先債券持有人承擔損失，這與ECB在2010年救助愛爾蘭銀行業時的立場形成了鮮明的對

比，主要是因為ESM提供西班牙銀行系統1,000億歐元救助資金時，就要求西班牙政府只能強制受救助銀行的股東和非優先債券持有人承擔損失，而並未提及在債務清償順序中處於更高順位的債權人，這也印證了歐元區處理銀行業問題的模式：即便發生最嚴重的破產，優先債券持有人也不會承擔損失。截至目前，縮減銀行規模是歐元區各國政府在處理受困銀行時最常用的手段。而愛爾蘭與西班牙不同的是，愛爾蘭政府為大部分銀行債務提供擔保，西班牙政府則沒有這麼做。

西班牙的儲蓄銀行大多都沒有股票上市，總共佔金融系統的一半，為了渡過這一難關，大約三分之一地方儲蓄銀行已經合併，另外三分之一正在併購過程之中。西班牙中央銀行也大幅縮減地方儲蓄銀行的家數，西班牙曾經繁榮的房地產市場崩盤，許多小型未上市的儲蓄銀行因為開發商貸款及房貸，受到嚴重衝擊。這些小型儲蓄銀行通常都是由地方政治人物所操控，由於西班牙大規模縮減地方儲蓄銀行的家數，嚴重衝擊金融體系的穩定，惟「政府負債/GDP」比率還算穩健，2008年至2011年，分別為40%、54%、61%及69%，比起同為GIIPS的希臘、義大利、葡萄牙、愛爾蘭甚至於英國與德國，堪稱模範生，然「財政赤字/GDP」比率快速惡化，2008年至2011年，急速惡化至分別為-4.5%、-11.2%、-9.3%及-8.5%（表2.4），2012年7月10日之歐元區財長會議，已通過1,000億歐元紓困西班牙，其中包括7月底前注資300億歐元至西班牙銀行體系，西班牙在未來二年半內要削減795億美元之預算，以減少財政赤字。

（五）葡萄牙最近的政府債務迅速惡化

葡萄牙近年的政府債務迅速惡化，葡萄牙「政府負債/GDP」比率，比起希臘、義大利還算好，2004年之比率才突破60%，2010年及2011年才算惡化，分別為93.3%及108%。至於財政預算的表現上，雖一直都處於赤字狀態，但還不算太嚴重，「財政赤字/GDP」比率，2008年至2010年，急速惡化至-10.2%及-9.8%，2011年則又減輕至-4.2%。

（六）義大利「政府負債/GDP」比率120%，在歐洲居第二

由於義大利政局不穩，債務危機惡化，2011年11月9日，義大利五年期公債殖利率突破7%，創歐元誕生以來最高紀錄，引發全球股、匯市震撼。義大利總負債1.9兆歐元為全球第四大，僅次於美國、日本、德國，高於希臘、西班牙、葡萄牙及愛爾蘭四國負債的總合，其「政府負債/GDP」比率120%在歐洲居第二，僅次於希臘的165%。法國銀行是義大利債券最大的外國投資者，共持有義大利公共及民間債務4,164億美元，法國銀行持有義大利債券佔全體歐洲銀行持有義大利債券的50%，而義

大利所立即面臨的問題是債券到期再融資，光是2012年，義大利就有3,080億美元債券到期需要再融資。法國銀行因持有希臘、西班牙、葡萄牙、愛爾蘭及義大利債券，致股價下跌。法國資產最大的兩家銀行，BNP Paribas及Credit Agricole，其股價大幅下跌。如果義大利情勢惡化，可能影響法國國家評等，過去義大利是法國銀行的夢幻投資，現在可能變成夢魘，不過樂觀者認為，義大利僅是受政治形象的傷害，其經濟體穩固，以戰略觀點立足義大利的銀行仍具意義。

（七）主權信用與銀行體系是歐債危機的核心

政府救銀行的案例比比皆是，例如，金融海嘯使得美國政府2008年底開始紓困華爾街九大銀行，其中以花旗總共接受政府450億美元注資最多，其實不僅銀行會綁架政府，政府也會綁架銀行，有人認為要打破此一枷鎖鍊，需靠銀行聯盟（banking union），此將於第八章進一步說明。因此，歐洲主權債務危機實即全球金融海嘯及歐洲銀行危機之續集，由於政府負債與財政惡化，主權債務風險提高並連累了銀行資產負債表，由於歐元區國家之主權負債，大部分由歐元區銀行交叉持有，故主權信用與銀行體系是歐債危機的核心。由於大部分歐元區國家，無法在2008年危機後，立即注資銀行，使得疲弱的銀行體系，陷入惡化的主權債務風險中，遂不得不向歐盟與

IMF求援。

銀行體系是歐債危機的核心，也是脆弱的一環，歐洲銀行業對全球其他地區貸款金額高達6兆美元，是美國銀行業的二倍，且歐洲銀行業貸款予美國金額約為美國GDP的10%，歐洲銀行業若陸續抽回資金，將影響美國及新興國家經濟，其中不要忽略了存在德國的問題。受到歐債危機影響，歐洲銀行局（European Banking Authority, EBA）為恢復金融市場信心，要求銀行必須增加緩衝資本。EBA於2011年12月初宣布，歐洲金融機構在2012年估計需增資1,150億歐元。德國在歐洲雖然經濟最強，但銀行體系仍然非常脆弱，十三家受測德國銀行中有六家需要增資，德意志銀行（Deutsche Bank）必須增資32億歐元，德國三大銀行之一的德國商業銀行（Commerzbank）則必須增資53億歐元，但Commerzbank可能無法籌足所需資本，恐再次瀕臨必須向政府尋求紓困一途，Commerzbank在2009年曾接受德國政府紓困，目前德國政府持有約25%股份，該行如同其他許多區域金融機構一樣，正面臨主管機關的壓力，必須增加緩衝資本，但許多分析師擔心，由於增資金額相當於Commerzbank市值的80%，該行恐無法籌措到如此龐大的資金，市場質疑該行已與德國財政部商討紓困計畫，但Commerzbank對外否認相關報導，該行已決定避免再向政府尋求援助，並計畫暫時停止部分國際貸款業務、出售核心資產以及買入8億美元混合型債券（hybrid securities），以提高資本水準，雖然德國財政部也發佈相關聲明以淡化Commerzbank紓困事件，但並未予以否認。而EBA的增資要求引發金融業界高階主管的抱怨，表示目前企業增資的唯一途徑只有賤賣企業資產及縮減貸款，勢將引發歐元區已經低迷的經濟更加惡化，對於紓解投資人的恐慌毫無助益。

（八）ECB的救市措施

ECB是歐元區銀行體系之最後貸款者，由於執行非標準措施（non-standard measures）貨幣政策之關係，ECB的資產負債表規模已超越美國聯邦準備銀行（Fed）及英國央行（BoE），非標準措施包括加強信用支援（Enhanced Credit Support）與證券市場方案（Securities Markets Program, SMP）。非標準措施的目的是為改進傳統貨幣政策的效果，例如，不降利率或利率已低到無法再低時可推出。證券市場方案則是由ECB在次級市場購買公債，以壓低公債利率，讓義大利等國家的籌資成本能降低。但ECB未買進更多主權債券，被批評未扮演好政府之最後貸款者角色，問題是它本來就不可以扮演此一角色。

（九）希臘與愛爾蘭的緊急流動性支援措施

歐元區銀行向ECB貸款均需提供合格擔保品抵押，利率按照ECB主要再融通利率訂定，例如，目前為0.75%，希臘與愛爾蘭之銀行，更因缺乏標準的合格擔保品，必須另外推出緊急流動性支援（Emergency Liquidity Assistance, ELA）措施，以方便銀行取得資金，此時之擔保品所要求之品質較低，但利率為3%，也需獲得ECB核准。

標準的流動性措施是歐元體系之責任，ELA則是放款國家之央行及其政府（即希臘與愛爾蘭）之責任，例如，2010年愛爾蘭央行之年報附註20指出，愛爾蘭央行之其他資產合計為503億歐元，其中495億歐元是屬於ELA方案下放款給國內信用機構之資金，並非歐元體系正常之貨幣政策操作，ELA除了擔保品質押與政府擔保外，擔保品尚需按市價評價，擔保品資產也需要打折，扣減率（haircut）介於5.5%至80%之間。所以山不轉路轉，天無絕人之路，希臘與愛爾蘭的情況特別危急時，就可推出與眾不同的寬鬆方案，因此，本書認為永遠有救急措施，歐元區應不會解體，頂多是急性發炎轉為慢性病而已。

（十）歐元區成立的穩定基金

2010年5月，歐元區國家決議成立中期紓困基金：歐洲金融穩定機制（European

Financial Stabilisation Mechanism, EFSM, 2010年5月成立）及歐洲金融穩定機構（European Financial Stability Facility, EFSF, 2010年6月成立），並得到IMF之資金援助，以提供財務困頓國家之融資資金。2011年10月，EFSF歐元區國家保證之資金規模從4,400億歐元提高至7,800億歐元，其中，德國承擔的份額為27.064%，擔保金額由原來的1,230億歐元，提高到2,110.5億歐元，依德國穩定機制法（Law of stabilization mechanism）規定，擔保金額上限為2,532.6億歐元。EFSM金額600億歐元由歐盟預算提供，與德國占歐盟預算之比重20%一樣，德國所占比重亦為20%。至於德國在IMF援助行動中所占比重，則按德國在IMF資本比重6%來計算。

解決歐元危機的關鍵在於成立歐洲財政部，並賦予課稅及借款的權力，這需要新協議，歐洲金融穩定機構（EFSF）及歐洲穩定機制（ESM）可做為歐洲財政部的先驅。不過EFSF資本不足，又採募款制是其缺陷。EFSF無權動用資金，需聽從會員國的指示，這使得EFSF在面臨危機時變成無能。接受紓困的希臘不需支付懲罰性利率及EFSF採募款制，隨後的西班牙及義大利又不得適用此優惠利率，造成市場對其餘有赤字的歐元區國家的政府公債及歐元區銀行產生疑慮。

EFSF基金用途為提供政府貸款，2012年7月歐盟峰會又決議可以直接救助銀行，整個計畫將在2013年6月到期。2012年7月正式成立之歐洲穩定機制（ESM），是一永久穩定基金，ESM規模5,000億歐元，基金用途是向政府貸款，在公債發行市場購買公債，但荷蘭與芬蘭反對，根據過去經驗，希臘、葡萄牙與愛爾蘭當初就是在公債殖利率衝破7%後被迫向國際社會尋求金援，一旦類似事件再發生，歐洲穩定機制（ESM）就可直接注資銀行或購買公債，而不需先將資金匯至該國政府，再由政府注資援救當地銀行，這將使歐洲納稅人資金直接用於救助其他國家的銀行，希望藉此能打破體質疲弱的銀行與信用欠佳的主權債之間的關聯，因為單靠歐洲央行（ECB）加大寬鬆力度尚不足以終結歐債危機，央行的行動只能提供解決問題的橋樑，而不是根本解決之道。

實際上，歐盟在如何應對銀行倒閉方面的規定較為模糊，缺乏關閉或重組問題銀行的統一性法律框架，歐洲雖然有破產方面的常規性公司法規，但沒有特別針對銀行的法律，目前歐盟正試圖改變此一狀況，已提出了一項應對銀行倒閉的新法律框架，當一家銀行需要被所在國政府進行資本重組時，新規定將要求相關政府迫使所有債權人承擔損失（即銀行進行自救），例如將債務轉換為股權。ESM本來是預計2012年7月1日開始運作，目前因為芬蘭與荷蘭公開反對以ESM基金購買公債及直接紓困銀行，看來ESM正式運作時機還有得等。

因此，即使財政健全之歐元區其他國家，亦因需擔保金融穩定基金之運作，而擔憂歐債危機之惡化，更需擔憂歐元之前景。主權與銀行雙危機相互反饋，形成邪惡的循環，並逐漸擴散蔓延。

二、擴充財政赤字充當貨幣政策

（一）財政最糟的是愛爾蘭、希臘、西班牙與英國

歐元區成員國的結構性財政赤字不應超過其國內生產總值（GDP）的0.5%，事實上，這是要求各國實現結構性盈餘的一項美意。西班牙、義大利、英國及希臘之「財政赤字/GDP」比率如表2.2及圖2.2所示。2008年金融危機之後，各國政府以寬鬆的貨幣及財政政策刺激經濟增長，在過度舉債和大規模增加政府支出的情況下，造成各國財政赤字惡化，出現財政赤字的國家越來越多，把整個歐元區拖下水，卻不需承擔不利的後果，此種搭便車（free rider）的問題也越來越嚴重[4]。

表2.2顯示，2011年「財政赤字/GDP」比率最高的是愛爾蘭與希臘，而比率超過歐盟3%上限規定的國家包括：愛爾蘭、希臘、西班牙、英國、法國、荷蘭、葡萄牙、比利時，而奧地利、德國、芬蘭與盧森堡之赤字比率低於3%，只有瑞典為

表2.4：歐盟「財政赤字/GDP」比率

單位：%

年	比利時	德國	愛爾蘭	希臘	西班牙	法國	義大利	盧森堡	荷蘭	奧地利	葡萄牙	芬蘭	瑞典	英國
1995	-4.5	-9.5	-2	-	-7.2	-5.5	-7.4	2.4	:	-5.8	-5	-6.1	-7.4	-5.9
1996	-4	-3.4	-0.1	-	-5.5	-4	-7	1.2	-1.9	-4	-4.5	-3.5	-3.2	-4.3
1997	-2.2	-2.8	1.1	-	-4	-3.3	-2.7	3.7	-1.2	-1.8	-3.4	-1.4	-1.5	-2.2
1998	-0.9	-2.3	2.4	-	-3	-2.6	-2.7	3.4	-0.9	-2.4	-3.5	1.6	0.7	-0.1
1999	-0.6	-1.6	2.7	-	-1.2	-1.8	-1.9	3.4	0.4	-2.3	-2.7	1.7	0.9	0.9
2000	0	1.1	4.7	-3.7	-0.9	-1.5	-0.8	6	2	-1.7	-2.9	6.9	3.6	3.6
2001	0.4	-3.1	0.9	-4.5	-0.5	-1.5	-3.1	6.1	-0.2	0	-4.3	5.1	1.5	0.5
2002	-0.1	-3.8	-0.4	-4.8	-0.2	-3.1	-3.1	2.1	-2.1	-0.7	-2.9	4.1	-1.3	-2.1
2003	-0.1	-4.2	0.4	-5.6	-0.3	-4.1	-3.6	0.5	-3.1	-1.5	-3	2.6	-1	-3.4
2004	-0.3	-3.8	1.4	-7.5	-0.1	-3.6	-3.5	-1.1	-1.7	-4.4	-3.4	2.5	0.6	-3.5
2005	-2.7	-3.3	1.7	-5.2	1.3	-2.9	-4.4	0	-0.3	-1.7	-5.9	2.8	2.2	-3.4
2006	0.1	-1.6	2.9	-5.7	2.4	-2.3	-3.4	1.4	0.5	-1.5	-4.1	4.1	2.3	-2.7
2007	-0.3	0.2	0.1	-6.5	1.9	-2.7	-1.6	3.7	0.2	-0.9	-3.1	5.3	3.6	-2.7
2008	-1	-0.1	-7.3	-9.8	-4.5	-3.3	-2.7	3	0.5	-0.9	-3.6	4.3	2.2	-5
2009	-5.6	-3.2	-14	-15.6	-11.2	-7.5	-5.4	-0.8	-5.6	-4.1	-10.2	-2.5	-0.7	-11.5
2010	-3.8	-4.3	-31.2	-10.3	-9.3	-7.1	-4.6	-0.9	-5.1	-4.5	-9.8	-2.5	0.3	-10.2
2011	-3.7	-1	-13.1	-9.1	-8.5	-5.2	-3.9	-0.6	-4.7	-2.6	-4.2	-0.5	0.3	-8.3

資料來源：Eurostat

正值，不過我們發現葡萄牙的財政情況還不算差，英國則值得憂慮，惟英國正在實施財政緊縮措施，愛爾蘭與西班牙的情況相似，在2007年金融危機前，愛爾蘭與西班牙的財政均為盈餘，但均在2008年開始惡化，出現連年的赤字。事實上，赤字與主權債信評級常如影隨形，一旦預算赤字惡化，信評就會被調降，也使得市場對希臘財政危機的憂慮日益加深，

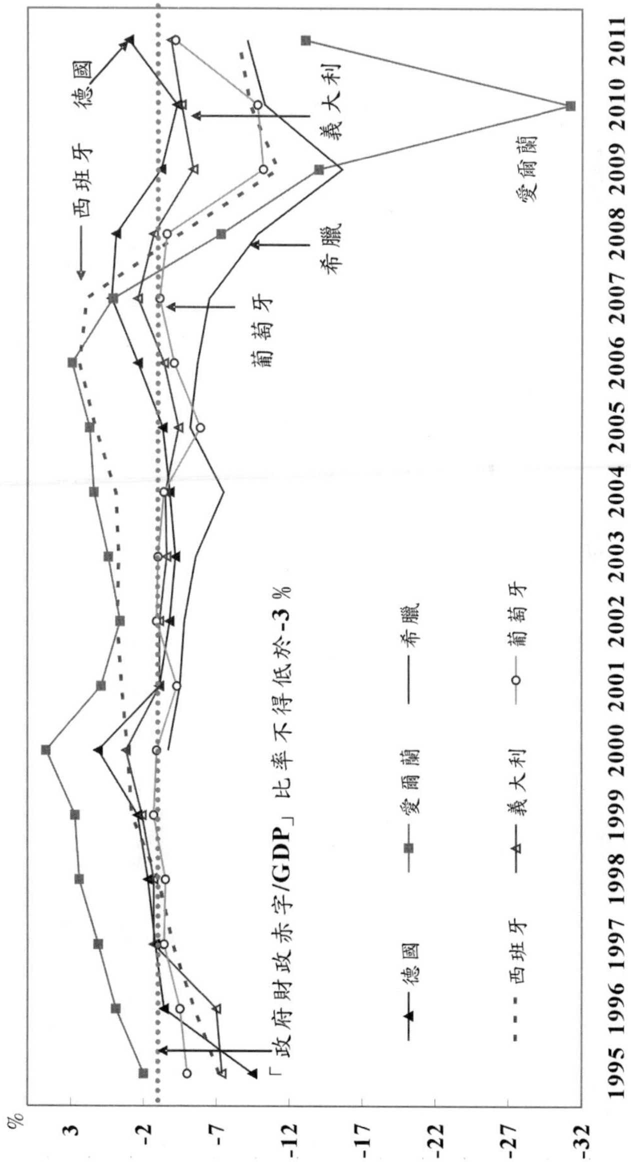

資料來源：Eurostat

圖2.2：歐盟「財政赤字/GDP」比率

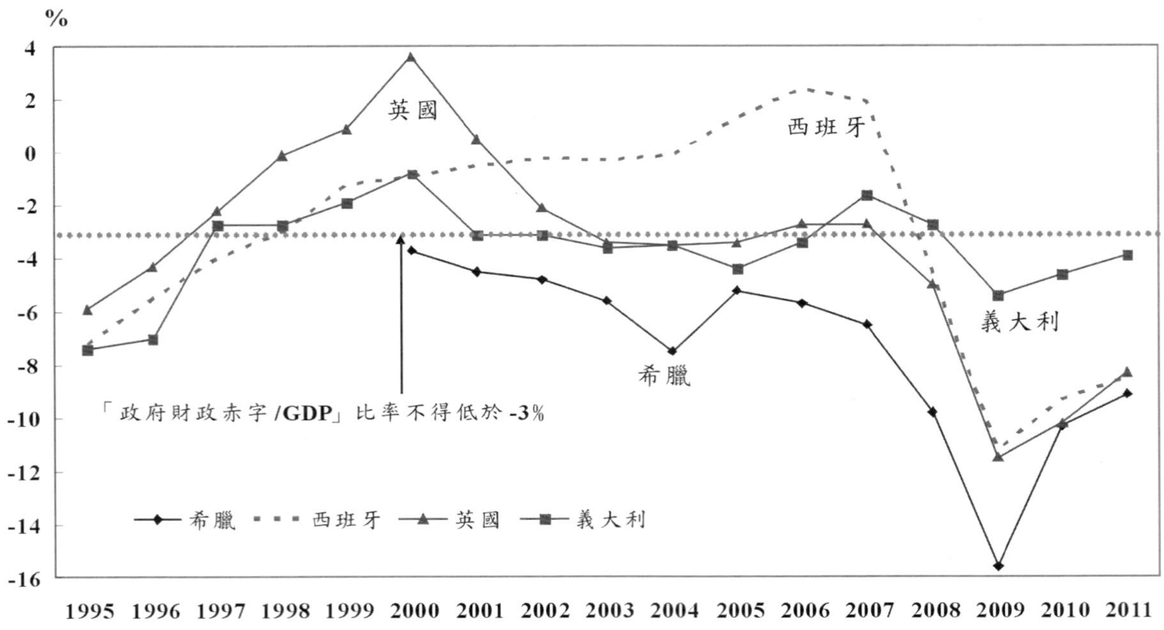

資料來源：Eurostat

圖2.3：西班牙、義大利、英國及希臘之「財政赤字/GDP」比率

歐元也因此重挫，在衰退時期推出的振興經濟措施導致歐元區政府負債與赤字大增，往後在縮減預算赤字上恐怕也會很吃力。

（二）芬蘭的財政最健全

芬蘭不僅債務最健全、連財政也是最健全的。所以芬蘭沒有發行公債的需求，因此，芬蘭的公債目前被視為相對稀少的珍品、佳評等級高達AAA，10年期公債利率僅1.62%。西班牙、義大利、英國及希臘之「財政赤字/GDP」比率如圖2.3所示，義大利之「財政赤字/GDP」比率遠優於西班牙、英國及希臘，而西班牙、英國及希臘之「財政赤字/GDP」比率則不相上下。希臘之「財政赤字/GDP」比率很明顯的是異數，一直高過-3%，2009年新政府上任才揭穿捏造數字真相，希臘公債殖利率因而走高，使得歐債危機瞬間爆發。芬蘭的情況則是另一個異數，自加入歐元以來，它的「財政赤字/GDP」比率表現優異，財政常為盈餘，但是在1991年至1995年間，芬蘭的財政就像今天的希臘，芬蘭之所以能浴火重生，主要是芬蘭幣馬克（Finnish markka）對德國馬克在1991年至1993年間，貶值50%以上，截至1999年，才又升回將近一半的幅度，因而大幅提高國家的競爭力，經常帳也出現大幅盈餘，因此財政赤字與經常帳赤字的雙赤字問題常如影隨形。如今的芬蘭與德國、盧森堡、荷蘭並駕齊驅，合稱為GLNF（Germany, Luxembourg, Netherlands, Finland）。

1991年以來，德國「財政赤字/GDP」比率大部分時間均在-3%的門檻附近徘徊，只有在兩次危機時出現盈餘，一次為2000年的網路泡沫危機，另一次為次貸危機開始時。

（三）西班牙與義大利太大而不能救

西班牙經濟規模是歐元區第四大，將近1.1兆歐元，2011年占歐元區的比率11.4%（表2.5、圖2.4及圖2.5），剛好與希臘、愛爾蘭、葡萄牙加起來的規模相當，西班牙的財政困境是銀行危機的結果，而不是危機的起因，1990年代以來，該國私人債務大幅攀升，尤其是非金融企業，目前，住宅建築大量過剩，也使家庭不可能大量借貸，靠政府借貸的大幅降低，根本不可能滿足私人借貸和支出而得到彌補，更有可能的結果是，經濟發生更嚴重的衰退，帶來螺旋向下的惡性循環。

歐盟執委會將放寬西班牙2012年財政赤字目標至6.3%（原訂目標為5.3%），並且將2013年財政赤字目標放寬至4.5%；此外，將2.8%的財政赤字目標之期限延長至2015年，預計西班牙將進一步裁減公務員人數。

葡萄牙的財政一直是赤字，談不上惡化，還好它的經濟規模不大，2011年只占歐

表2.5：2011年歐元區各國GDP金額及所占比重

	金額（億歐元）	GDP（%）
德國	25,708	27.29
法國	20,006	21.24
義大利	15,802	16.78
西班牙	10,734	11.40
荷蘭	6,021	6.39
比利時	3,690	3.92
奧地利	3,013	3.20
希臘	2,151	2.28
芬蘭	1,916	2.03
葡萄牙	1,710	1.82
愛爾蘭	1,564	1.66
斯洛伐克	691	0.73
盧森堡	428	0.45
斯洛維尼亞	356	0.38
賽普勒斯	178	0.19
愛沙尼亞	160	0.17
馬爾他	64	0.07

資料來源：Eurostat

元區的2%。法國的經濟規模2兆歐元，占歐元區比率高達21%，僅次於德國的27%，法國的財政自1995年以來一直是赤字，2007年以來財政赤字則比義大利還糟。義大利的經濟規模占歐元區高達17%，是歐元區的第三大經濟體，財政狀況已列入與希臘、愛爾蘭、葡萄牙、西班牙同級。

由以上說明可知，西班牙與義大利一旦需

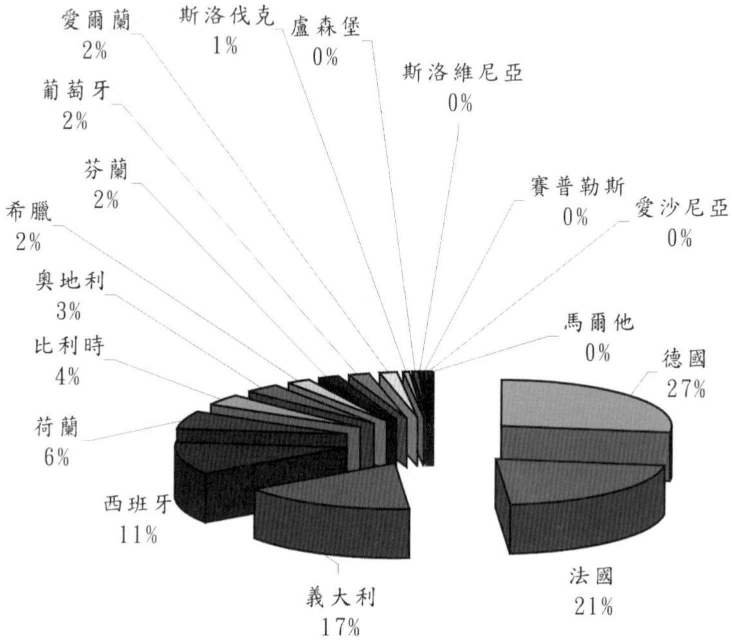

資料來源：Eurostat

圖2.4：2011年歐元區各國經濟規模百分比

要紓困，債額真是太大而無法救援。

（四）希臘財政赤字無法靠歐元貶值來救，因此只好擴充財政赤字充當貨幣政策

財政赤字對歐債危機的影響，須視各國稅收、GDP，及總體經濟變量（如：失業率、GNP、通膨率、政府公債利率、股市等）之情況而異，財政赤字風險現由整個歐元區承擔，產生搭便車（free-rider）的問題，各國有擴大支出規

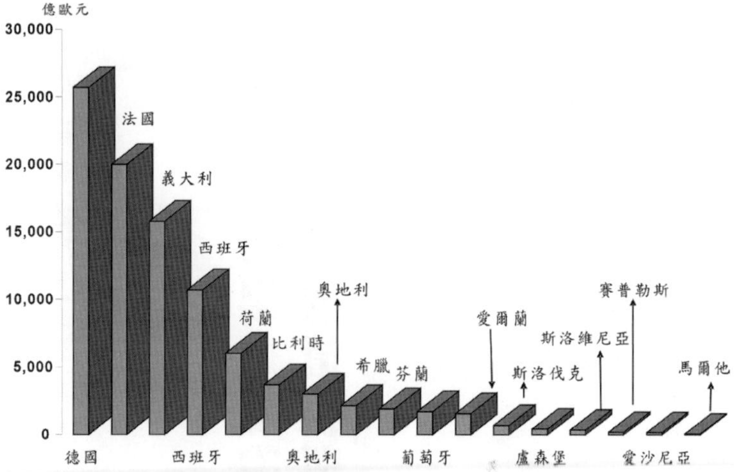

資料來源：Eurostat

圖2.5：2011年歐元區各國經濟規模比較及排名

模的傾向，加上馬斯垂克條約禁止對個別財政困難國家進行紓困，有些國家在進退失據下，僅能不斷追加赤字，造成惡性循環。

當一個國家財政赤字與負債過高時，往往採用貨幣貶值以避免發生財政危機，這也就是為什麼英、美的財政赤字狀況比歐元區的許多國家嚴重，卻沒有遭遇類似危機的一個主要原因。由於歐元區的成員國無法隨意讓歐元貶值來因應經濟危機的衝擊，唯一可用的工具只剩國內的財政政策。以希臘為例，希臘的政府負債增加和競爭性下降，是財政狀況惡化的最根本原因，希臘的財政赤字讓其政府負債在長期是不可持續的，且使其國際信評下降，也間接導致舉債成本的增高，財政負擔益發沉重，銀行持有政府債券亦遭拖累，造成銀行與主權雙危機相互反饋形成邪惡的循環，並逐漸擴散蔓延。

參、資本市場之風險定價錯誤，資金分配不當，希臘級的債務與赤字水準，卻享有德國評級的待遇

歐債危機的另一個原因是，資本市場之風險定價錯誤，以致希臘與德國之公債利率幾乎相同，使得危機發生前十年，資金就已分配不當，要加入歐元區需滿足四項收斂準則，其中之一為利率收斂，亦即長期平均公債名目利率，不得超過物價穩定表現最好的三個會員國兩個百分點。GIIPS（俗稱歐豬五國）五個國家對德國之公債利差，在加入歐元區時幾乎完全趨合，沒有差距（表2.6、圖2.6）。

表2.6：歐盟以收斂準則所計算之十年期公債利率

單位：%

	比利時	德國	愛爾蘭	希臘	西班牙	法國	義大利	盧森堡	荷蘭	奧地利	葡萄牙	芬蘭	英國
1991	9.29	8.45	9.21	—	11.38	9.05	13.17	8.16	8.74	8.56	14.54	11.23	10.11
1992	8.65	7.84	9.07	24.13	11.72	8.59	13.28	7.91	8.10	7.37	13.83	11.98	9.06
1993	7.23	6.51	7.70	23.27	10.21	6.78	11.19	6.44	6.36	6.70	9.71	8.83	7.55
1994	7.75	6.87	7.92	20.70	9.99	7.22	10.52	7.15	6.86	7.03	10.48	9.04	8.15
1995	7.48	6.85	8.25	16.96	11.27	7.54	12.21	7.23	6.90	7.14	11.47	8.79	8.32
1996	6.49	6.22	7.29	14.43	8.74	6.31	9.40	6.32	6.15	6.32	8.56	7.08	7.94
1997	5.75	5.64	6.29	9.92	6.40	5.58	6.86	5.60	5.58	5.68	6.36	5.96	7.13
1998	4.75	4.57	4.80	8.48	4.83	4.64	4.88	4.73	4.63	4.71	4.88	4.79	5.60
1999	4.75	4.49	4.71	6.30	4.73	4.61	4.73	4.66	4.63	4.68	4.78	4.72	5.01
2000	5.59	5.26	5.51	6.10	5.53	5.39	5.58	5.52	5.40	5.56	5.59	5.48	5.33
2001	5.13	4.80	5.01	5.30	5.12	4.94	5.19	4.86	4.96	5.08	5.16	5.04	5.01
2002	4.99	4.78	5.01	5.12	4.96	4.86	5.03	4.70	4.89	4.96	5.01	4.98	4.91
2003	4.18	4.07	4.13	4.27	4.12	4.13	4.25	3.32	4.12	4.14	4.18	4.13	4.58
2004	4.15	4.04	4.08	4.26	4.10	4.10	4.26	2.84	4.10	4.13	4.14	4.11	4.93
2005	3.43	3.35	3.33	3.59	3.39	3.41	3.56	2.41	3.37	3.39	3.44	3.35	4.46
2006	3.81	3.76	3.76	4.07	3.78	3.80	4.05	3.30	3.78	3.80	3.91	3.78	4.37
2007	4.33	4.22	4.31	4.50	4.31	4.30	4.49	4.46	4.29	4.30	4.42	4.29	5.06
2008	4.42	3.98	4.53	4.80	4.37	4.23	4.68	4.61	4.23	4.36	4.52	4.29	4.50
2009	3.90	3.22	5.23	5.17	3.98	3.65	4.31	4.23	3.69	3.94	4.21	3.74	3.36
2010	3.46	2.74	5.74	9.09	4.25	3.12	4.04	3.17	2.99	3.23	5.40	3.01	3.36
2011	4.23	2.61	9.60	15.75	5.44	3.32	5.42	2.92	2.99	3.32	10.24	3.01	3.05

資料來源：Eurostat

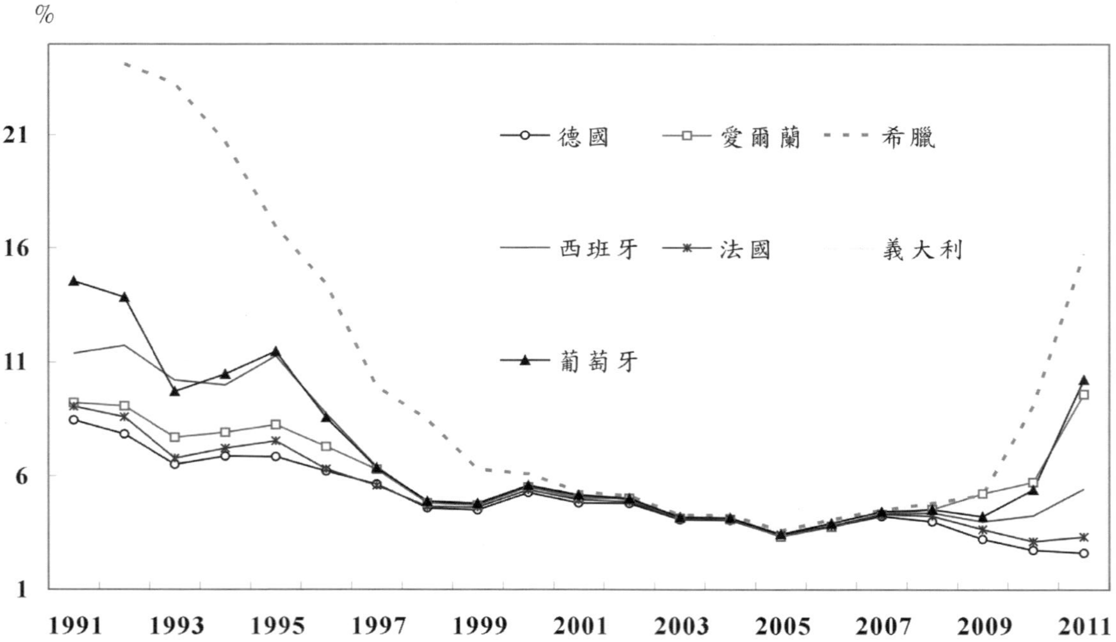

資料來源：Eurostat

圖2.6：GIIPS五個國家與德國之十年期公債利率

可笑的是，1992年，希臘十年期公債利率為24.13%，2001年已跌至5.30%，在2002年至2007年期間，希臘與德國之十年期公債利率幾乎處於相同水準，利差只有0.25%左右，這麼低的長期利率水準吸引大量資金流入南歐諸國，實際上，所有歐元區國家之主權風險之定價，幾乎與德國相同，依照國際清算銀行（BIS）有關銀行資本計提的規定，歐元區國家之主權債券風險權數為零，歐元體系亦視其扣減率為零，基本上是無風險之擔保品，使得ECB的公開市場操作把它們都視為合格擔保品，實即創造了道德風險。

若進一步比較歐元區各國十年期利率與德國十年期利率之差距（利差），則可發現目前（2012年6月）利差最大的國家為希臘與葡萄牙（圖2.7），希臘利差26.52%，葡萄牙利差9.26.%，而接下來的愛爾蘭、賽普路斯、西班牙與義大利的利差也都超過4.60%以上，事實上，目前利差已高過歐元成立前的水準，這是投資人對這些國家信用風險疑慮的反應，對於希臘、葡萄牙、愛爾蘭、賽普路斯、西班牙、義大利之公債，要求這樣高的風險溢酬，使得這些國家的籌資成本大幅提高，更不利它們的債務改善。在主權債務超過經濟總體規模的情況下，不斷飆升的借貸成本可能造成債務本息增長速度超過GDP的增長速度；正因為如此，西班牙10年期公債利率超過7%時，就值得警惕。ECB雖然使用長期再融通操作提供大量廉價資金給銀行，但隨著南

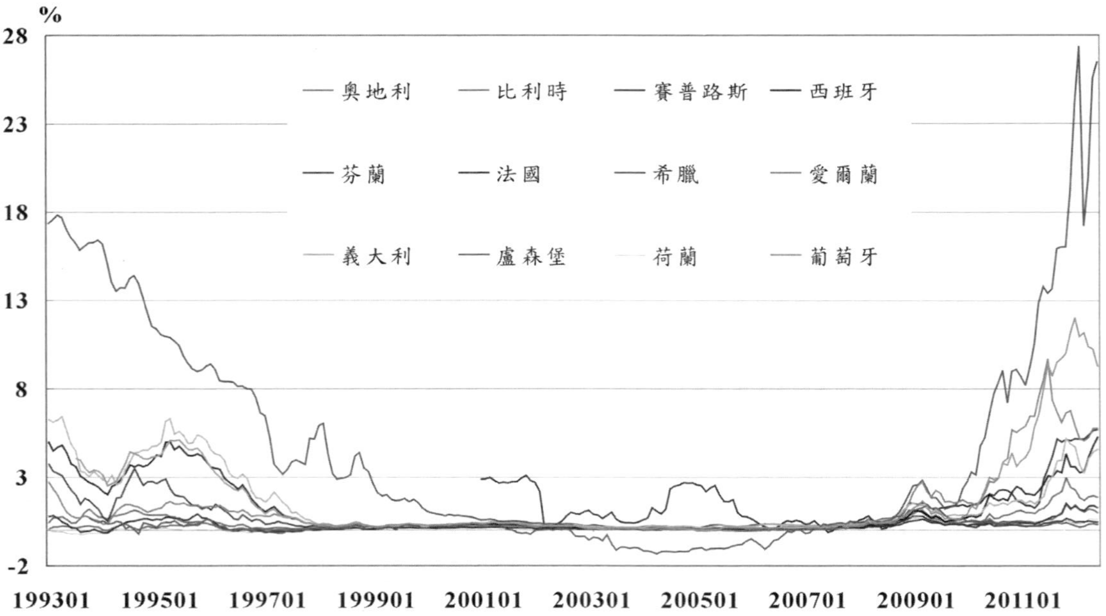

資料來源：ECB

圖2.7：歐元區各國十年期利率與德國十年期利率之差距
（1993年1月至2012年6月）

表2.7：歐元區國家十年期利率與德國十年期利率之差距（利差）

	1993年1月利差（%）	2012年6月利差（%）
希臘	17.35	26.52
葡萄牙	4.05（1993年7月）	9.26
愛爾蘭	2.73	5.79
賽普路斯	-	5.70
西班牙	5.01	5.29
義大利	6.28	4.60
比利時	0.42	1.87
法國	0.77	1.27
奧地利	0.07	0.99
荷蘭	-0.02	0.63
芬蘭	3.77	0.46
盧森堡	-	0.32

資料來源：ECB

歐國家公債價格持續走跌，這些銀行需要提供更多之本國公債充當公開市場操作之擔保品。同時國際投資者因歐元區政府沒有積極作為，而持續拋售南歐國家公債，因而形成一個惡性循環，導致資金持續流出西班牙、義大利等國，而這些國家之公債市場也欲振乏力。圖2.6也顯示歐元區的長期利率已由趨合又走向趨異，然而並沒有任何退場機制可以處理此一類似情況。

美國喬治城大學經濟學教授Matthew Canzoneri指出，1980及1990年代是對抗通膨與通膨可信度的年代，央行當然是勝利的一方，因此，物價穩定是央行對總體穩定的主要貢獻，獨立的央行也成為可信度的前提條件。由於控制通膨績效卓著，也因而，1980年至2007年這一段期間，可稱為是大溫和時代（great moderation），通膨、產出與資產價格的波動均溫和有序。過慣了太平日子，過去寧靜的經驗，讓大家的風險意識降低，當然包括對歐元區公債的評價在內，從未想到不同歐元區國家，它們的財政與政府債務都不相同，但反映在公債上的卻只是微小的殖利率差異，希臘級的債務與赤字水準，卻享有德國評級的待遇。

Ulrich（2012）認為，馬斯垂克條約及SGP公約深信自由市場的力量可以規範政府，這是有瑕疵的經濟典範，很明顯的，廉價取得的信用，導致無法持續的政府與民間債務的累積，周邊國家加入歐元區及外資之流入，使得它們的實質利率下跌，這不僅產生無法持續的發展（例如，西班牙的信用泡沫與房市泡沫，及希臘的過度財政支出），也減輕了經濟改革的壓力，而無法提高競爭力，因為它們可輕而易舉的靠大量外資來融資經常帳赤字。

肆、三重危機導致歐元區內部的結構失衡

歐債危機的根源並不是貨幣政策和財政政策的矛盾，實體經濟的脆弱才是問題的關鍵。基本上，只要政府能籌資還債，政府債務比率高並不是問題，惟前提需要政府債務及其利息負擔之成長速度，要比經濟與稅基之成長速度慢才行，然而GIIPS（俗稱歐豬五國）的情況並不是如此，目前GIIPS不只是債務危機，更重要的是競爭力危機與成長危機，因而導致歐元區內部的結構失衡。本段簡要介紹歐元區內部的債務危機（已於前節說明）、競爭力危機與成長危機，此三重危機導致歐元區內部的結構失衡。至於詳細的總體經濟失衡與競爭力危機分析，將於第五章探討。

一、競爭力危機

自2008年以來，外資對德國、法國的直接投資開始陷入停滯，2009年歐洲的外國投資更是下滑36%；相對之下，美國卻在2010年外資投資成長了49%，當中多數來自加拿大、歐洲和日本，「頁岩革命」是最受外資青睞的投資選項，來自中國、法

國、西班牙的能源公司都在俄亥俄州、科羅拉多州、密西根州砸了大筆投資，賓士汽車（Mercedes-Benz）、福斯汽車（Volkswagen）、BMW和空中客車公司（Airbus）前往美國設廠，是不折不扣的歐元區競爭力危機，因為在那裡它們可以找到高生產效率、低成本勞動力、有競爭力的貨幣、及具有全球競爭力的生產基地。美國的人口結構與德國等迅速老化的社會相比也出現十足的反差。

（一）德國的經常帳順差剛好等於GIIPS歐豬五國的經常帳赤字

GIIPS經常帳赤字之金額龐大（圖2.8），每季平均約-400億歐元，而且從2002年以來就一直存在，德國則剛好相反，2002年以來，德國經常帳一直是順差，金額約略也是400億歐元；另一方面，GIIPS之金融帳與資本帳則一直以來都是維持於順差的情況，代表外資流入，顯現外資流入剛好融通GIIPS之經常帳赤字，而德國之金融帳與資本帳則一直以來是處於逆差狀態，代表資金流出或是資本輸出，顯現德國的經常帳順差剛好由資金流出所抵消，這是歐元區內部的經常帳失衡，也是競爭力危機的重要原因。

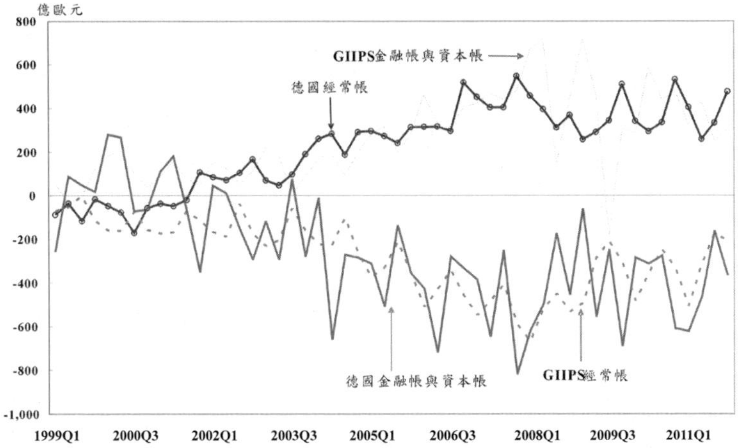

資料來源：Eurostat

圖2.8：德國與GIIPS之經常帳、金融帳與資本帳

（二）歐元區內部分為核心國與周邊國

進一步比較「經常帳/GDP」比率三年平均值，這是歐盟競爭力失衡的其中一項指標，若比率高於6%或低於-4%，均屬於經常帳失衡，德國、荷蘭、芬蘭、盧森堡之「經常帳/GDP」比率三年平均值，除芬蘭外，均高於5%（表2.8及圖2.9），GIIPS則均為負值，希臘甚且低於-10%，明顯的分為核心國（德國、荷蘭、芬蘭、盧森堡）與周邊國（GIIPS）兩類，顯示歐元區內部的經常帳處於失衡狀態。

表2.8：歐盟會員國「經常帳/GDP」比率三年平均值

單位：%

	比利時	德國	愛爾蘭	希臘	西班牙	法國	義大利	盧森堡	荷蘭	奧地利	葡萄牙	芬蘭	英國
1971													
1972													
1973		0.8							2				0.2
1974		1.5							3.1				-1.7
1975		1.7							2.9				-2.3
1976		1.5							2.7				-2.1
1977		0.9							1.9			-3.8	-0.9
1978		1							0.9			-0.7	-0.2
1979		0.5							-0.4			0.4	-0.1
1980		-0.4							-1			-0.4	0.2
1981		-1.1							-0.1			-1.3	0.7
1982		-0.6					-2.1		1.4	-1		-1.7	1.1
1983		0.2					-1.3		2.9	-0.2		-1.5	1
1984		1					-0.8		3.5	0.3		-1.2	0.6
1985		1.6					-0.5		3.6	0		-1.1	0.6
1986		2.7					-0.4		3.3	-0.1		-0.7	0.2
1987		3.5					-0.3		2.5	0		-1.4	-0.6
1988		4.1					-0.2		2.3	0		-1.8	-2.3
1989		4.2					-0.7		2.8	0		-3.1	-3.6

	比利時	德國	愛爾蘭	希臘	西班牙	法國	義大利	盧森堡	荷蘭	奧地利	葡萄牙	芬蘭	英國
1990		4					-1.2		3.1	0.3		-4.2	-4.3
1991		2.1					-1.6		3	0.3		-5.1	-3.5
1992		0.2			-3.6		-2		2.4	0.2		-5	-2.5
1993		-1.1			-2.8		-1.2		2.8	-0.1		-3.8	-1.9
1994		-1.2			-2		-0.1		3.7	-0.5		-1.6	-1.7
1995		-1.2			-0.9		1.4		5.1	-1.4		1.3	-1.4
1996		-1.1			-0.6	0.8	2.1		5.5	-2.3		3.1	-1
1997	5.3	-0.7	2.5	-3	-0.2	1.6	2.7	11.3	6	-2.8	-4.2	4.5	-0.7
1998	5.2	-0.6	2	-3.2	-0.5	2.3	2.6	10.3	5	-2.3	-5.7	4.8	-0.4
1999	5.3	-0.8	1.1	-3.3	-1.4	2.9	1.9	9.3	4.6	-1.9	-7.2	5.2	-0.9
2000	4.8	-1.3	0.2	-4.7	-2.7	2.5	0.9	10.3	3.1	-1.3	-8.7	6.1	-1.8
2001	4.2	-1	-0.3	-6.2	-3.6	2.1	0.4	10.1	2.8	-1.1	-9.8	7.2	-2.4
2002	4	0.1	-0.7	-7.2	-3.7	1.5	-0.1	10.8	2.4	0.4	-9.6	8.2	-2.1
2003	3.8	1.3	-0.5	-6.8	-3.6	1.2	-0.3	9.1	3.6	1.2	-8.3	7.2	-1.8
2004	3.7	2.9	-0.5	-6.3	-4	0.8	-0.5	10.2	5.3	2.2	-7.7	6.5	-1.8
2005	2.9	3.9	-1.4	-6.7	-5.4	0.3	-0.7	10.5	6.9	2	-8.4	4.8	-2.1
2006	2.3	5.3	-2.5	-8.3	-7.2	-0.2	-0.9	11.3	8.1	2.4	-9.8	4.6	-2.7
2007	1.8	6.3	-4.1	-11.2	-8.8	-0.7	-1.2	10.7	7.8	2.8	-10.4	3.9	-2.8
2008	0.6	6.6	-4.8	-13.6	-9.5	-1.1	-1.9	8.5	6.8	3.7	-11.1	3.7	-2.4
2009	-0.5	6.5	-4.6	-13.6	-8.1	-1.4	-2	7.2	5	3.7	-11.2	2.9	-1.8
2010	-0.6	6.1	-2.7	-12.1	-6.3	-1.7	-2.8	6.4	5.1	3.5	-11.2	1.9	-2.1
2011	-0.3	5.9	-0.8	-10.4	-4.3	-1.8	-2.9	7.1	6.8	2.6	-9.1	0.8	-2.2

資料來源：Eurostat

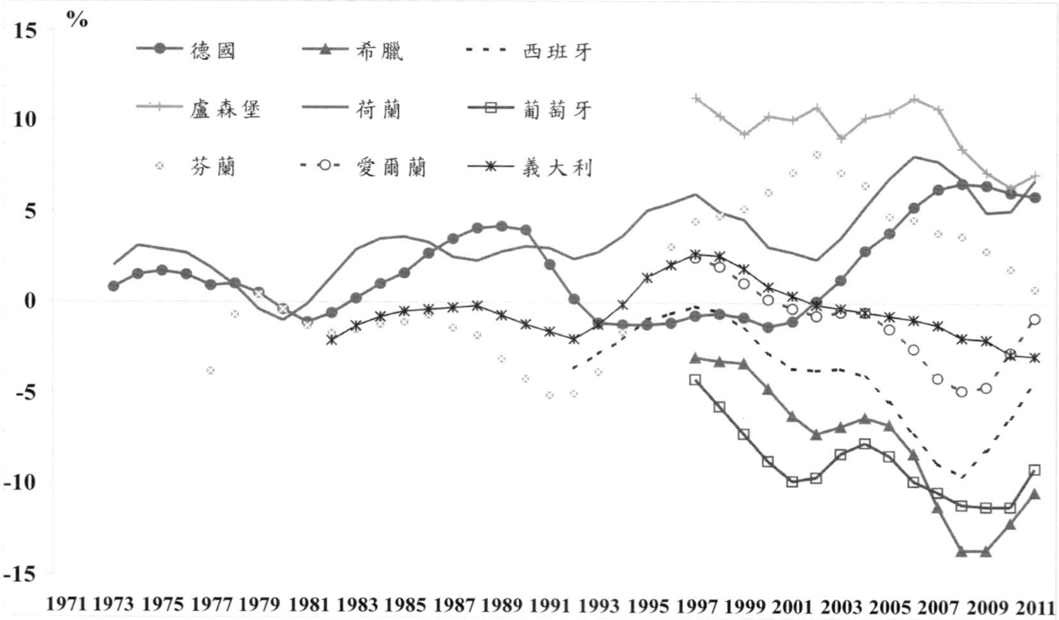

資料來源：Eurostat

圖2.9：歐盟會員國「經常帳/GDP」比率三年平均值

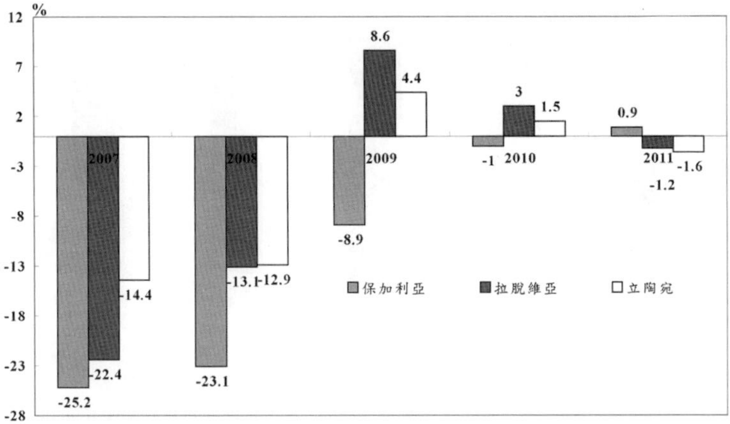

資料來源：Eurostat

圖2.10：保加利亞、拉脫維亞、立陶宛，經常帳逆差（經常帳/GDP比率）調整速度快

（三）希臘、葡萄牙、西班牙經常帳逆差改善速度緩慢

經常帳不僅出現失衡情況，失衡的調整亦緩慢。我們選取2007年經常帳逆差（經常帳/GDP比率）最高之三個歐元區國家（希臘、葡萄牙、西班牙），與歐盟但非歐元區之三個國家（保加利亞、拉脫維亞、立陶宛）進行比較，發現保加利亞、拉脫維亞、立陶宛之經常帳逆差（經常帳/GDP比率）調整速度顯然較GIPS（希臘、義大利、葡萄牙、西班牙）快（圖2.10）。例如，2007年保加利亞之經常帳/GDP比率為-25.2%，2011年已回復至0.9%；同樣的，拉脫維亞與立陶宛之調整速度亦頗為快速。

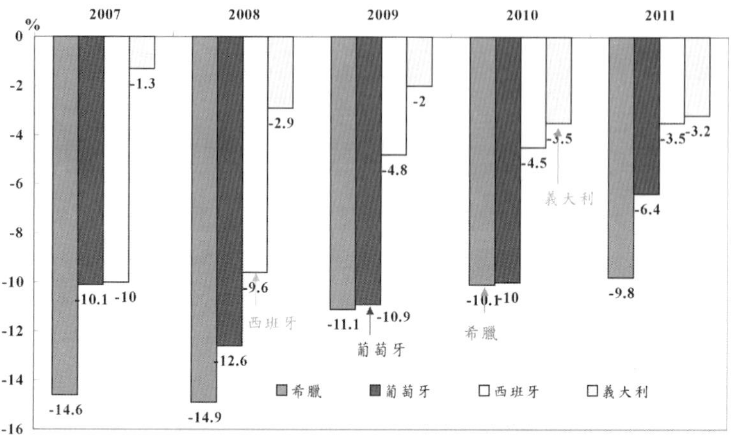

資料來源：Eurostat

圖2.11：GIPS經常帳逆差（經常帳/GDP比率）調整緩慢

反觀GIPS之經常帳逆差則調整緩慢，尤其是希臘與葡萄牙，顯示GIPS之經常帳失衡仍嚴重（圖2.11）。

經常帳失衡的原因有很多，但是歐元區的經常帳失衡主要原因則有兩點：(1)競爭力流失。(2)各國國內需求成長率趨異。由於馬斯垂克條約的關係，這兩個原因相互增強。

（四）衡量競爭力的指標

歐元區的物價或成本競爭力指標有三種編制基礎：(1)以消費者物價指數為編制基礎、(2)以GDP平減指數為編制基礎、及(3)以整體經濟之單位勞動成本指數為編制基礎。而物價或成本競爭力指標實際上與實質有效匯率之觀念近似，不過兩者間還是有差異，物價或成本競爭力指標考慮了歐元區內、外的貿易；實質有效匯率則僅考慮歐元區外的貿易，因此兩者間反映不同現象，也不可直接比較。

事實上，影響一國之競爭力主要有兩個因素：

1. 單位勞動成本

工資與其他成本上漲率與生產力成長率之比較，如果成本上漲率高於生產力成長率，表示單位勞動成本高，代表競爭力下降。Bibow（2012）指出，如果工資與生產力以相同速度成長，單位勞動成本就會停留於穩定水準，一國之外部競爭力亦會與單位勞動成本同樣的維持於穩定水準（假設利潤邊際與間接稅不變的話），因為單位勞動成本是通膨的最主要決定因素，因此，一國所選定之通膨目標值（例如，歐元區就以通膨率2%為通膨目標值），幾乎就可作為名目單位勞動成本成長率的標準參考指標；基本上，貨幣聯盟就需維持共同的通膨率，此一任務正由ECB執行，而ECB也肩負捍衛歐元的任務，這也是德國放棄馬克的必要條件。根據最適通貨理論，工資談判及協商是預防不對稱衝擊及維繫貨幣聯盟的關鍵要素，目前貨幣聯盟以低於2%之通膨率為目標通膨率，此表示各國單位勞動成本之趨勢需趨合於2%附近，趨合於共同之2%之趨勢是與貨幣聯盟各國承諾達到共同通膨目標率之任務一致。

在2000年至2009年期間，西班牙的勞動力成本上升了50%，義大利上升了35%，而德國僅上升了18%，要想消除它們間的差距可能需要十年的時間進行調整，不過，如果勞動力成本上的差距消除，則可能在南歐國家引發通貨緊縮，使債務/GDP的比率上升，進而加劇危機。

2. 匯率

歐元區統一使用歐元，因此，名目匯率已不是影響歐元區競爭力的因素，歐元區內部已無貶值大賽、以鄰為壑的問題。但是實質有效匯率仍然是競爭力的指標，歐元區的根本問題之一為匯率制度本身，歐元區國家在成立當初將各國的匯率鎖定，並承諾永不變動，係認為未來各經濟體的生產力將趨於一致，也就是希臘會愈來愈像德國，然而事實並非如此，過去十年以來，德國與希臘及其他周邊國家間生產力的差距愈來愈大，而非愈來愈小。德國累積了大量的經常帳盈餘，而其他國家如希臘、西班牙、葡萄牙及愛爾蘭卻面臨大幅經常帳赤字。這些周邊國家的赤字需靠外資提供融資，理論上外資有助於促進這些國家的投資、提升生產力，並趕上德國，但事實上，外資在歐洲金融市場製造問題並造成動盪不安，最有名的例子是愛爾蘭與西班牙的房市泡沫。

表2.9：歐盟名目單位勞動成本指數（2005年為100）

	歐盟	歐元區	比利時	德國	愛爾蘭	希臘	西班牙	法國	義大利	荷蘭	葡萄牙	芬蘭	英國
1991	-	-	-	87.4	-	-	66.0	83.8	74.1	76.8	-	97.1	-
1992	-	-	-	93.3	-	-	71.7	85.3	77.5	80.0	-	95.4	79.7
1993	-	-	-	96.8	-	-	75.6	86.8	79.1	81.6	-	91.0	79.8
1994	-	-	-	97.2	-	-	76.2	86.2	79.2	81.4	-	89.5	79.4
1995	84.4	89.3	88.8	99.2	77.1	-	76.7	87.1	80.2	81.7	72.0	91.1	80.3
1996	86.6	90.8	89.2	99.4	74.9	-	79.4	88.2	84.3	82.0	74.9	91.6	81.2
1997	88.1	89.5	89.4	98.2	74.9	-	81.0	88.2	86.7	83.0	77.8	90.6	83.0
1998	89.0	89.4	90.4	98.3	78.9	-	82.4	88.2	84.9	85.3	80.4	91.8	85.8
1999	90.8	90.8	91.7	98.9	79.8	-	84.0	89.1	86.0	86.3	82.3	92.5	87.9
2000	93.9	91.9	92.1	99.4	82.4	84.1	86.4	90.3	86.5	88.8	85.9	93.0	89.9
2001	95.8	93.9	96.0	99.8	87.1	83.8	89.2	92.5	89.0	93.3	89.2	96.4	92.3
2002	97.7	96.1	98.2	100.5	87.8	92.3	91.9	95.3	92.0	97.8	92.1	97.2	93.5
2003	97.7	98.1	99.2	101.4	91.0	93.7	94.4	97.2	95.7	100.2	95.6	97.9	95.5
2004	98.4	98.8	98.6	100.9	94.7	95.8	96.8	98.2	97.7	100.4	96.6	97.9	97.5
2005	100.0	100.0	100.0	100.0	100.0	100.0	100.0	100.0	100.0	100.0	100.0	100.0	100.0
2006	101.1	100.7	101.8	98.0	104.0	97.9	103.1	101.8	102.0	100.6	100.9	100.3	102.8

	歐盟	歐元區	比利時	德國	愛爾蘭	希臘	西班牙	法國	義大利	荷蘭	葡萄牙	芬蘭	英國
2007	102.9	102.1	104.0	97.2	108.5	101.4	107.4	103.5	103.6	102.3	102.1	100.9	105.0
2008	104.3	105.9	108.6	99.4	116.6	108.5	112.5	106.8	108.3	105.4	105.6	107.7	108.8
2009	105.6	110.2	112.8	104.8	113.8	116.3	113.9	110.2	112.6	110.8	108.9	117.0	115.0
2010	106.2	109.4	112.8	103.6	106.0	114.4	111.0	110.9	112.0	109.9	107.3	115.5	116.9
2011	107.5	110.6	115.8	105.1	102.9	111.0	108.9	112.3	113.2	110.6	106.4	116.6	118.8
2012	109.7	113.1	119.8	107.5	104.3	109.7	110.8	114.5	116.0	114.3	106.1	119.7	121.7
2013	111.1	114.3	121.5	108.9	103.5	108.1	111.2	115.8	117.3	115.3	105.9	121.7	124.1

資料來源：Eurostat

（五）德國競爭力高於歐元區與南歐諸國

表2.9及圖2.12顯示，1991年以來，歐盟及歐元區名目單位勞動成本彼此仍有很大之差異，除德國外，名目單位勞動成本持續提高，德國一直維持於穩定水準，2007年甚至下跌，近年來才提高，除了近兩年的愛爾蘭及葡萄牙為例外情況外，歐元區及GIIPS之名目單位勞動成本均高於德國，表示競爭力不如德國，且GIIPS之通膨，亦較德國與其他歐元區核心國家高。

（六）德國競爭力高是因為壓抑工資上漲

1980年代各國之單位勞動成本事實上存在很大的差異，歷史上，奧地利與荷蘭之單位勞動成本之趨勢，與德國最為接近，1980年代荷蘭之單位勞動成本事實上較德國低，而法國則在1980年代中期才趨近德國水準，義大利與西班牙則在1990年代早期才趨近德國水準，1999年歐元問世時，各國之單位勞動成本已完全趨近德國2%之歷史水準，不過自1996年起，德國名目單位勞動成本通膨已降至接近零的新水準。重要的是，德國單位勞動成本成長率下跌，不是生產力成長加速所致，而是工資通膨下跌所引起；換言之，並非德國工業精緻，而是工資受到限制，使得成本下跌，並造成出口旺盛。1998年以來，德國生產力

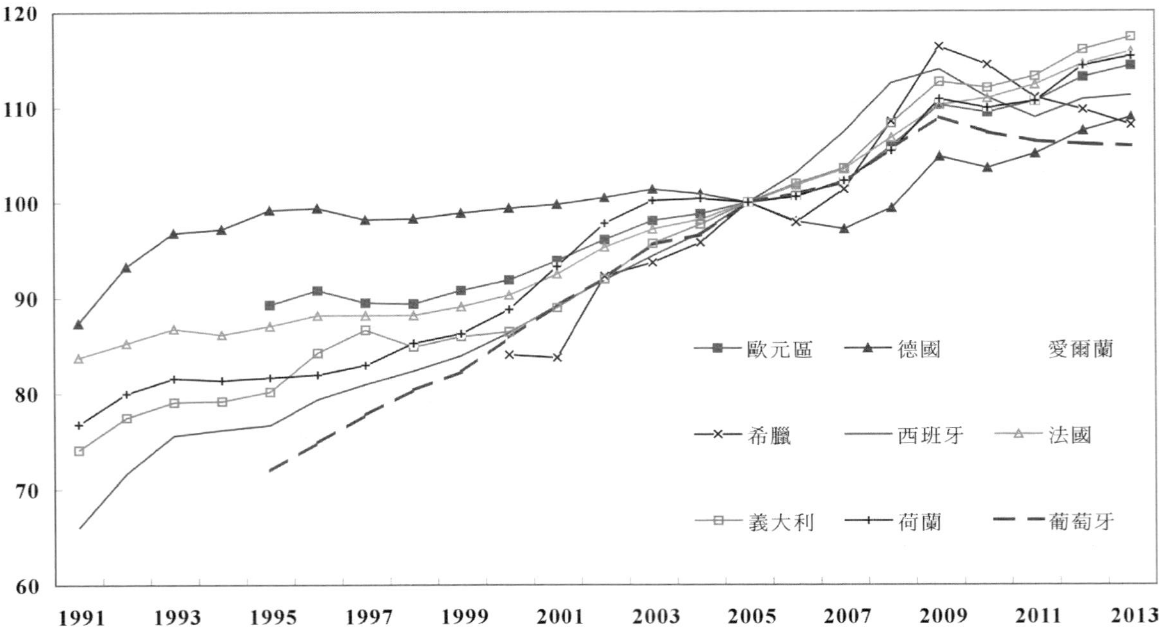

資料來源：Eurostat

圖2.12：歐元區名目單位勞動成本指數持續提高

成長不再高於平均水準，與法國及葡萄牙情況相同，而遠低於表現超前的希臘與愛爾蘭，義大利與西班牙之生產力成長則較落後。德國壓抑工資是競爭力提高的真正原因，就像通膨差異是累積的一樣，單位勞動成本成長率的差異也是累積的，若持續累積一段期間之後，競爭力的相對差異就會越差越大。希臘的競爭力若要想趕上德國，它可能還需再等三十年，但那是一種煎熬，因為降低高失業率與高負債的壓力將如影隨形，然而要更快地縮短希臘與德國競爭力的差距，德國的通貨膨脹速度就必須快於歐元區周邊國家，兩害相權取其輕，否則歐債危機甚或歐元解體將常為人提及，畢竟這是採用單一貨幣的代價。

（七）另類觀點：歐債危機的根源在德國的壓抑工資上漲

德國在2000至2008年名目單位勞動成本平均增加率僅0.17%，Stockhammer, E.（2011）更指出，歐債危機的根源在德國的壓抑工資上漲。根據Joseph stiglitz（2009）等研究，金融危機前，全球多數地區日漸增加的工資不平等才是導致金融危機發生的結構性原因之一。工資在經濟體系中具多重角色，在需求面，它是驅動民間消費的主要來源，在供給面，它是企業家生產成本的一部分，在分配面，它是影響所得分配的關鍵因素。根據諾貝爾經濟學家stiglitz的研究，導致此次全球經濟危機的根源是金融危機前，多數地區日漸增加的工資不平等，工資增加與勞動生產力提升脫鉤。以工資帶動經濟成長（wage-led growth model）的發展模式才能解決全球經濟的不平衡成長及歐債危機[5]。

（八）愛爾蘭與德國之通膨低

事實上，歐元區內法國是最衷心擁護2%之通膨目標，GIIPS諸國之通膨均較高，而經常帳剩餘國如奧地利與芬蘭，通膨則較低，德國則是真正的異數。除愛爾蘭外，希臘、義大利、西班牙與葡萄牙之調和物價指數（**Harmonised Indices of Consumer Prices, HICPs**）年增率（衡量通膨）均高於德國與歐元區之水準（表2.10及圖2.13），此一情況讓GIIPS之競爭力，較德國與歐元區其他核心國家遜色，尤其是德國，自歐元區成立以來，主要透過限制工資與結構性改革，一直能顯著改善其物價競爭力。而希臘的旅遊業和航海業的營收下降，也直接導致了希臘的出口下降。另一方面，愛爾蘭則過度依賴房地產和建築業投資拉動經濟。葡萄牙工業基礎薄弱，主要依靠服務業推動經濟發展。這幾國屬於歐元區中，經濟結構相對不合理的國家，他們的經濟更多依賴於勞動密集型製造業出口和旅遊業。如果歐洲央行印足夠多的鈔票，從而讓通膨達到2%這一歐洲央行的預設目標，南歐諸國也進行內部貶值的話，在這種情況

表2.10：歐盟調和物價指數年增率之比較

單位：%

	歐元區	德國	愛爾蘭	希臘	西班牙	法國	義大利	荷蘭	葡萄牙	芬蘭	英國
1997	1.7	1.5	1.3	5.4	1.9	1.3	1.9	1.9	1.9	1.2	1.8
1998	1.2	0.6	2.1	4.5	1.8	0.7	2	1.8	2.2	1.3	1.6
1999	1.2	0.6	2.5	2.1	2.2	0.6	1.7	2	2.2	1.3	1.3
2000	2.2	1.4	5.3	2.9	3.5	1.8	2.6	2.3	2.8	2.9	0.8
2001	2.4	1.9	4	3.7	2.8	1.8	2.3	5.1	4.4	2.7	1.2
2002	2.3	1.4	4.7	3.9	3.6	1.9	2.6	3.9	3.7	2	1.3
2003	2.1	1	4	3.4	3.1	2.2	2.8	2.2	3.3	1.3	1.4
2004	2.2	1.8	2.3	3	3.1	2.3	2.3	1.4	2.5	0.1	1.3
2005	2.2	1.9	2.2	3.5	3.4	1.9	2.2	1.5	2.1	0.8	2.1
2006	2.2	1.8	2.7	3.3	3.6	1.9	2.2	1.7	3	1.3	2.3
2007	2.1	2.3	2.9	3	2.8	1.6	2	1.6	2.4	1.6	2.3
2008	3.3	2.8	3.1	4.2	4.1	3.2	3.5	2.2	2.7	3.9	3.6
2009	0.3	0.2	-1.7	1.3	-0.2	0.1	0.8	1	-0.9	1.6	2.2
2010	1.6	1.2	-1.6	4.7	2	1.7	1.6	0.9	1.4	1.7	3.3
2011	2.7	2.5	1.2	3.1	3.1	2.3	2.9	2.5	3.6	3.3	4.5

資料來源：Eurostat

下，那些陷入危機的歐元區成員國會有很高的失業率和零通膨率，而歐洲那些增長依然強勁的經濟體，其通貨膨脹率將為3%到4%，這些國家的工人會提出加薪要求。換句話說，通過實現通貨膨脹目標，歐洲央行能夠幫助義大利和西班牙，一起與德國和荷蘭競爭，逐漸縮小二者在勞動成本方面的差距，而勞動成本差距是導致歐洲陷入困境的關鍵所在，這將提高陷入危機的歐洲經濟體對世界其他經濟體的競爭力。

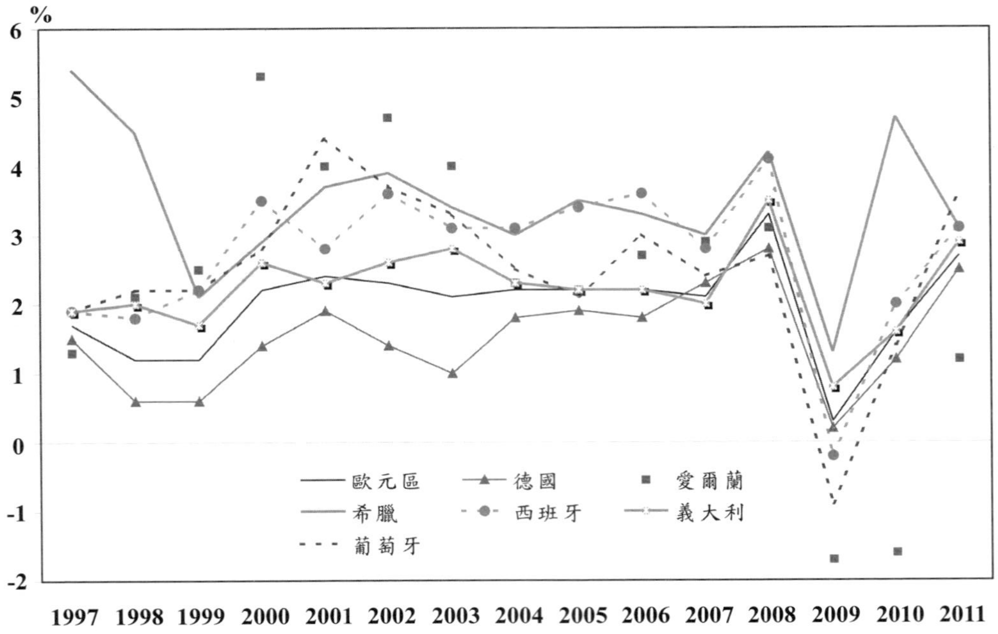

資料來源：Eurostat

圖2.13：調和物價指數年增率之比較

（九）希臘的通膨和單位勞動成本高，競爭力低

希臘國家外部競爭性的下降進而促使希臘經常帳的逆差不斷上升，和歐元區的其他國家相比，通膨是相對較高的，單位勞動成本也高於歐元區其他國家的平均水準。因此，隨著工資和物價的上漲，希臘的外部競爭性下降了，包括以消費者價格指數為衡量指標的外部競爭性，及以單位勞動成本為衡量指標的外部競爭性均下跌。由於GIIPS的勞動力優勢不復存在，又沒有及時調整產業結構，使得經濟在金融危機衝擊下顯得異常脆弱。原則上，**GIIPS**周邊國家應實施「內部貶值」（**internal devaluation**），也就是要降低名目薪資及物價、削減政府預算，並裁減工作機會，才足以與德國及其他貿易夥伴競爭，但這談何容易，西班牙首相拉霍伊（Mariano Rajoy）宣佈了新的財政削減計劃，削減幅度為650億歐元，此舉雖然受到歐盟執委會的讚揚，卻激怒了馬德里的示威者，他們朝警察扔石塊、扔爆竹，警察向示威人群發射了橡皮子彈，這就是財政緊縮在街頭的展開方式。事實上，周邊國家永遠不可能像德國一樣。

（十）歐元升值有利於西班牙

歐元實質升值一方面會降低出口、增加進口，引起淨出口及總支出下跌，但另一

方面，歐元實質升值則會降低進口價格、降低通膨，因而使得央行降低實質利率，並激勵消費與投資，因此，歐元實質升值到底是會增加實質產出或減少實質產出，有待進一步討論。文獻研究結果指出，匯率實質貶值對產出的影響，有認為是擴張的、收縮的或中性的，Yu and Guisan（2012）認為，這跟樣本對象、樣本期間與模型設定有關，而且實質有效匯率與實質產出的關係可能是非線性的，會因產出水準與經濟發展階段而不同，並不是一成不變，也不是放諸四海皆準，Yu and Guisan（2012）的實證發現，西班牙的預期實質有效匯率與實質產出的關係呈J曲線形狀，亦即某些期間實質有效匯率與實質產出的關係為負相關，某些期間為正相關，因而確認2001至2007年期間，歐元升值有利於西班牙。

（十一）GIIPS歐豬五國的實質有效匯率高，造成嚴重的經常帳赤字，需仰賴支付系統之資金來融通

惟Ulrich（2012）認為，GIIPS的實質有效匯率較歐元區其他核心國家高（表2.11及圖2.14），不僅損傷其出口表現，也造成其嚴重的經常帳赤字。圖2.14顯示，愛爾蘭的實質有效匯率特別高，西班牙與義大利也很高；相對的，德國與芬蘭則很低，尤其是德國特別低。有趣的是愛爾蘭的實質有效匯率最高，所以它的競爭力應是最差

的，然而它的通膨最低，名目單位勞動成本也是最低，由這一點來看，它的競爭力卻又應是最好的，但同時我們也發現，愛爾蘭的財政赤字最嚴重，政府債務本來是最差的，近年來則大有改善，經常帳與經濟成長率則是普通，顯然競爭力指標也不能代表一切。

2010年金融危機後，GIIPS光仰賴資金流入已不足以融通經常帳赤字，進一步需仰賴歐元區支付系統TARGET2來融通，此留待第七章詳述。至此，我們可以得到進一步瞭解，那就是：歐元

表2.11：歐盟實質有效匯率（1999年為100）

	比利時	德國	愛爾蘭	希臘	西班牙	法國	義大利	盧森堡	荷蘭	葡萄牙	芬蘭	英國
1994	107	110	110	90	102	105	101	104	103	90	103	82
1995	110	117	106	95	103	109	92	109	106	97	115	79
1996	107	113	104	98	105	109	105	109	103	99	110	80
1997	101	104	105	102	101	103	106	103	99	99	104	94
1998	101	103	103	99	101	102	102	101	101	100	103	99
1999	100	100	100	100	100	100	100	100	100	100	100	100
2000	95	94	95	93	97	95	95	98	98	100	94	103
2001	97	92	100	91	99	96	96	103	102	101	96	102
2002	99	92	101	100	101	98	99	103	106	104	97	102
2003	102	96	110	103	106	103	107	106	111	109	101	98
2004	102	97	116	105	109	105	110	107	111	110	102	104
2005	102	93	121	106	110	105	110	107	109	112	103	104
2006	103	90	124	103	113	106	112	108	109	111	102	106
2007	104	89	130	104	117	107	113	108	110	111	102	108
2008	107	89	141	109	120	109	116	111	112	112	106	94
2009	109	92	134	114	119	109	117	116	115	113	111	86
2010	106	88	121	109	113	107	114	114	111	110	106	88

資料來源：Eurostat

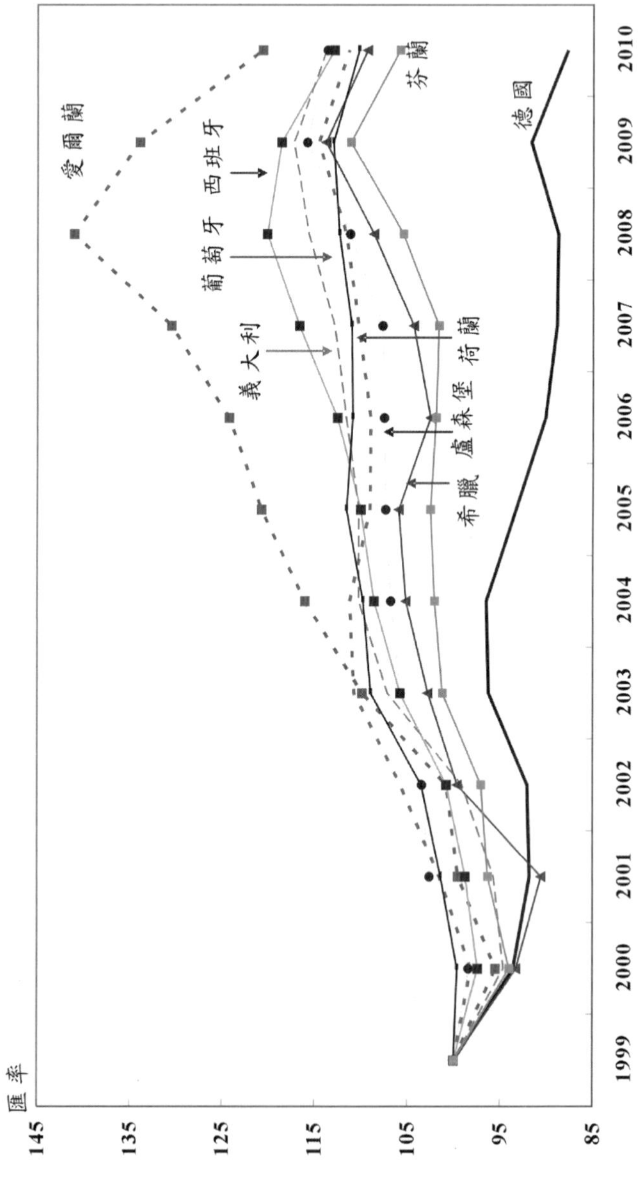

資料來源：Eurostat

圖2.14：GIIPS的實質有效匯率較歐元區其他核心國家高

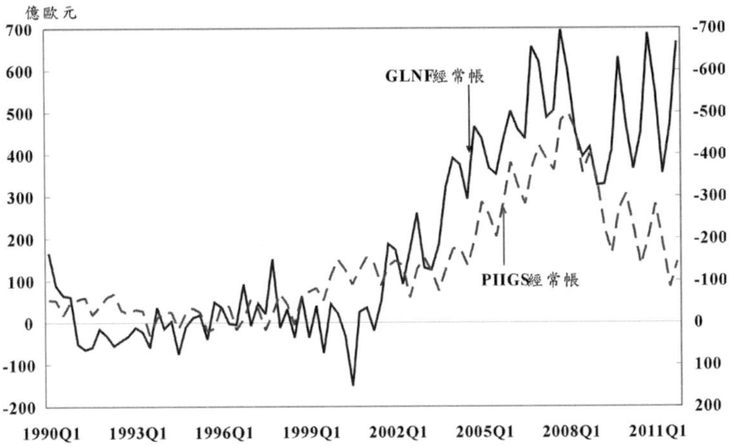

資料來源：Eurostat

圖2.15：GIIPS經常帳赤字與核心國家（GLNF）經常帳盈餘之比較

區內部實質匯率失衡→引起經常帳赤字及國際收支危機→引起主權債務危機與銀行危機。

（十二）GIIPS歐豬五國經常帳赤字與核心國家（GLNF）經常帳盈餘約略相當

GIIPS經常帳赤字與核心國家（GLNF）經常帳盈餘約略相當（圖2.15），幾乎是對稱，所反映的是歐元區內部的結構性失衡，一邊是貿易盈餘國，另一邊則是貿易赤字國，而且兩邊金額約略相等，隱約顯示，這是歐債危機的核心問題，由於GIIPS缺乏競爭力，讓它們無法靠成長脫離危機，赤字國家要償還債務，基本上就需成為盈餘國家，然而貨幣聯盟讓GIIPS無法靠匯率貶值來改善競爭力，使得結構失衡的調整格外痛苦，而內部貶值則需要嚴厲的結構調整，並降低實質工資以減輕成本，這當然比起匯率貶值困難得多，除了財政調整與銀行重整外，真正要做的是提升危機國家成長潛力的結構改革，才是解決危機的必要處方，經濟調整需要撙節財政支出，而採此一方式解決危機的困難之處在於，它會引起市場質疑周邊國家的償債能力。

二、成長危機

Bibow（2012）指出，歐元區會員國間的競爭力與經常帳失衡，引起債務負擔加重，預算赤字惡化，這些是歐債危機的核心問題，使問題又回到1990年末期以來的德國壓抑工資的問題上，德國打破了貨幣聯盟的黃金規則：承諾共同的通膨率，導致德國作繭自縛，使德國面臨不可能的三頭馬車或三位一體：長期的貿易順差、沒有財政移轉與缺乏紓困的貨幣聯盟、乾淨而獨立的中央銀行，這三種不可能同時成立且難以抉擇的窘境，加上不當撙節，使歐元區成長危機加諸於歐元區內部壓力，而危及歐元存續。

近幾年來，GIIPS的經濟成長率，負成長居多，表現欠佳（圖2.16及圖2.17），原

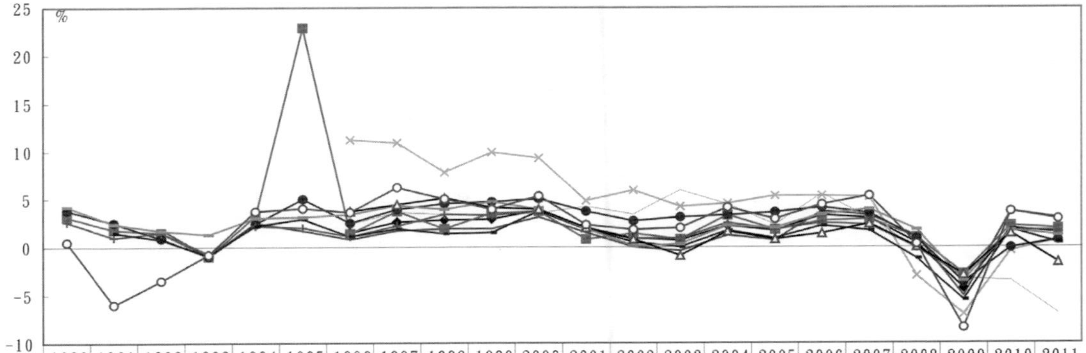

	1990	1991	1992	1993	1994	1995	1996	1997	1998	1999	2000	2001	2002	2003	2004	2005	2006	2007	2008	2009	2010	2011
歐元區							1.5	2.6	2.8	2.9	3.8	2	0.9	0.7	2.2	1.7	3.3	3	0.4	-4.3	1.9	1.5
比利時	3.1	1.8	1.5	-1	3.2	22.9	1.4	3.7	1.9	3.5	3.7	0.8	1.4	0.8	3.3	1.8	2.7	2.9	1	-2.8	2.2	1.9
德國			1.9	-1	2.5	1.7	0.8	1.7	1.9	1.9	3.1	1.5	0	-0.4	1.2	0.7	3.7	3.3	1.1	-5.1	3.7	3
愛爾蘭							11.2	10.9	7.8	9.9	9.3	4.8	5.9	4.2	4.5	5.3	5.3	5.2	-3	-7	-0.4	0.7
希臘							2.4	3.6	3.4	3.4	3.5	4.2	3.4	5.9	4.4	2.3	5.5	3	-0.2	-3.3	-3.5	-6.9
西班牙	3.8	2.5	0.9	-1	2.4	5	2.5	3.9	4.5	4.7	5	3.7	2.7	3.1	3.3	3.6	4.1	3.5	0.9	-3.7	-0.1	0.7
法國	2.6	1	1.5	-0.7	2.2	2	1.1	2.2	3.4	3.3	3.7	1.8	0.9	0.9	2.5	1.8	2.5	2.3	-0.1	-3.1	1.7	1.7
義大利		1.5	0.8	-0.9	2.2	2.9	1.1	1.9	1.4	1.5	3.7	1.9	0.5	0	1.7	0.9	2.2	1.7	-1.2	-5.5	1.8	0.4
荷蘭	4.2	2.4	1.7	1.3	3	3.1	3.4	4.3	3.9	4.7	3.9	1.9	0.1	0.3	2.2	2	3.4	3.9	1.8	-3.5	1.7	1.2
葡萄牙							3.7	4.4	5.1	4.1	3.9	2	0.8	-0.9	1.6	0.8	1.4	2.4	0	-2.9	1.4	-1.6

資料來源：Eurostat

圖2.16：歐元區實質經濟成長率

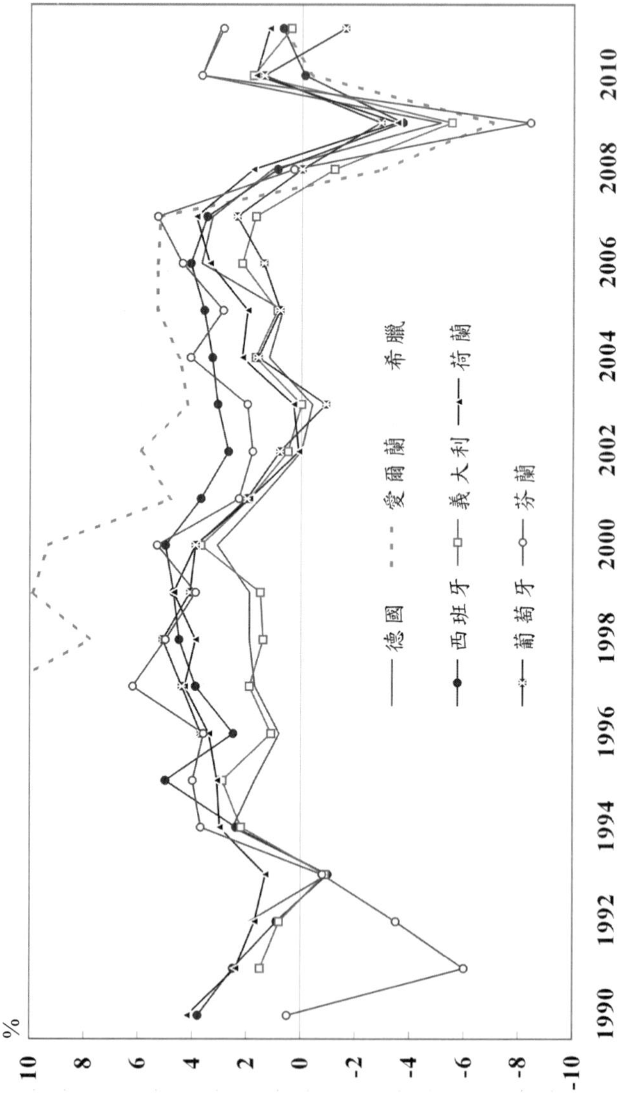

圖2.17：歐元區實質經濟成長率

資料來源：Eurostat

因是競爭力流失，GIIPS的實質利率低，加上GIIPS之金融帳與資本帳一直以來是維持於順差，帶來資金流入，導致GIIPS的工資增加超過生產力成長，因而提高單位勞動成本。

伍、對歐洲政府因應危機的方式缺乏信心

歐洲銀行是全球國際化程度最高的銀行，境外業務比例高達50%（一半在歐洲、一半在世界其他地區），而美國和亞洲銀行的境外業務比例只有28%和15%。隨著金融市場向境外拓展，信貸成本將更低、供應將更充裕、配置將更加有效。而銀行向境外拓展，將使他們的業務更加多元化、風險更低。比如，西班牙銀行不再只受理西班牙存款與貸款業務，西班牙公司也不再只限於向西班牙銀行申請貸款。

但目前，歐元區各成員國銀行不願相互拆借資金，因為擔心對方無法償還借款，

此種風險稱為交易對手（counterparty）風險，嚴重的交易對手風險阻礙拆款市場的活絡。2011年底，歐元區銀行間資金拆借規模較2008年的峰值下降了60%。資金不再通過銀行與銀行間的正常管道流動，銀行逐漸轉向歐元體系融資，此已大幅改變歐元體系提供流動性的角色，以往，歐元體系只提供最低限度的央行貨幣，目前，歐元體系已扮演拆款市場及其他跨境資金流動的大部分流動性融資功能。

另外，到2010年時，歐洲國家領袖還堅信貨幣聯盟不可能發生國際收支危機，然歐債危機不只是經濟危機也是政治危機，不僅史無前例，亦無現存的解決機制，也引起核心國家與周邊國家之利益衝突與緊張關係，以德國為首的核心國家認為，輕易對希臘紓困將創下不良先例，也會引起其他危機國家（尤其是西班牙與義大利這種被認為是債額太大而不能救的國家）之道德危險問題，因而延宕援救希臘的時機，亦導致救援措施分歧，危機終傳染至其他國家，對於道德危險與移轉聯盟（經由直接或間接移轉或補貼，以永久融通赤字國家）的憂慮，使得剩餘國家不願簽署救援提案，例如，發行歐元公債，或由ECB部分擔保所有歐元區之主權債券。歐盟的法律架構亦讓危機解決方案變得複雜，例如，歐洲聯盟運作方式條約（Treaty on the Functioning of the European Union）第125條的「不准紓困」（no bailout）條款，禁止歐盟會員國承擔其他會員國之負債，第123條禁止ECB直接提供信用給公務機構，以免以貨幣融通財政赤字。緩慢而紛擾的協商過程，令人警覺到歐洲政治體系窮於應付金融危機，而且失去掌控權。

歐元區整體公共債務與外債水準較美、日還低，龐大而持續的外部盈餘與赤字，競爭力持續損失，債務與房市泡沫的累積，反映出過去十年來所累積的大而持續的總體經濟失衡，也是目前經濟危機的部分根本原因，不僅導致部分成員國陷入經濟困境，嚴重的外溢效果（或稱為傳染效果）使歐元區面臨嚴重的威脅。

歐債危機暴露了EMU的治理缺失，穩定成長公約（SGP）是為了健全財政紀律，但卻無法阻止不良的財政紀律，市場整合日漸成熟，跨境交易活動頻繁，但監管方式仍停留於國家階段，並沒有提昇到區域性層級，很明顯的法令上不准ECB扮演最後貸款人角色，然市場仍在監管當局（政府與央行）的金融安全網已準備好的假設下運作。太大或太複雜而不能倒的觀念，隱含銀行的負債已得到擔保，以致於市場運作不當，公債與信用風險被低估，金融海嘯使得歐洲銀行間拆款市場之運作失常，近來則出現資金流動逆轉，此一情況已出現新的融資壓力，歐元區支付系統TARGET2正好就是此一壓力鍋之出口，歐豬國家TARGET2負債餘額暴增，反映了低利息的央行信用太容易取得，以及歐元區內部之財政與經常帳失衡的現象。

IMF（2012）指出，好幾個因素的交互作用是造成歐債危機的主要原因，這些因素包括風險訂價錯誤（例如，希臘公債享有德國評級）、多年的總體經濟政策失序、審慎監理政策與架構不夠健全，加上經濟與貨幣聯盟（EMU）的固有缺失，加速了歐元區部分經濟體公、私部門失衡的累積。歐債危機及所引發之外溢或傳染效果，使得EMU的未來前景不明，也造成歐元區TARGET2系統失衡，Merler and Pisani-Ferry（2012）指出，歐元危機是財政危機與國際收支危機。

陸、缺乏霸權穩定局勢

美國麻省理工學院經濟學家查理斯・金德爾伯格（Charles Kindleberger）是國際政治經濟學的先驅，也是霸權穩定論的創始者。他在《蕭條中的世界，1929—1939》一書中率先提出了霸權穩定理論（The Theory of Hegemonic Stability），在對1930年代經濟大危機的研究中，金德爾伯格認為大危機之所以成為全球性的，是因為沒有一個大國有能力或願意承擔制止危機的責任，因此他認為世界經濟必須有一個穩定者（Stabilizer）。兩次世界大戰之間歷史的主要教訓是，世界經濟想要穩定，就必須有個穩定者。

根據金德爾伯格的理論，世界上需有霸權國家的強勢領導，才能化解危機，印證歐洲缺乏中央的決策機構，無法制訂泛歐的經濟金融政策，導致許多金融危機的嚴峻後果，都發生在歐洲，歐元區因為缺乏霸權機構的領導，才讓歐債危機至今延燒不止，因為歐盟還夠不上說了算的霸權，歐洲央行也不是歐元區的真正最終借貸者，國際貨幣基金及德國，更是無法一諾千金，難怪金援紓困需三巨頭（troika）共同出面監督，這也正反映出歐元區缺乏霸權機構強勢領導的格局，諾貝爾經濟學獎得主克魯曼在金融時報撰文指出，四年多來，歐元區經濟依然蕭條，原因是歐洲領袖採行了錯誤的政策，其實更深層原因是由於缺乏霸權機構來穩定局勢，使得歐債危機從2009年11月開始延燒。

附註

1. 指希臘、愛爾蘭、義大利、葡萄牙、西班牙，亦有將之稱為PIIGS者，由於PIIGS有負面涵義，本書均以GIIPS稱之，此與國外大部分學術文獻之用法相同，本書若只寫GIPS時，此時則僅指希臘、愛爾蘭、葡萄牙、西班牙，不包括義大利在內。
2. 歐元區部分國家的主權債務危機，亦即希臘、愛爾蘭、葡萄牙與西班牙等，沒有能力為陷入困境的銀行進行資本重組，同時為其債務進行再融資並支撐其國內支出的危機，因這是經濟聯盟的重要課題。
3. 收斂或譯為趨合、趨同、近似化等。
4. M. Feldstein (2005), "The Euro and the Stability Pact," Journal of Policy Modeling.
5. 見林慈芳，「工資與經濟成長之分析：全球趨勢與臺灣實證」，經建會。

第三章

歐元區貨幣政策、財政政策、金融穩定政策：不可能的三頭馬車？還是神聖的三位一體？

壹、歐元區缺乏財政整合功能

一、不可能的三頭馬車是歐債危機問題的核心

歐元構想出現在1980年代末期，主要是為回應歐元之父孟岱爾（Mundell）的三難，亦即不可能的三位一體或不可能的三頭馬車[1]，經過20年後，歐元面臨了新的三難，亦即新的不可能的三位一體或不可能的三頭馬車（圖3.1），此亦是導致歐債危機的原因，政府債務不能相互紓困、嚴格的不准貨幣融通及銀行體系大量曝險於政府債務（銀行綁架政府），三者不可能同時併存。另有學者指出，新的不可能的三頭馬車應該為：貨幣政策（利率政策）自主性、資金完全自由移動與獨立的財政政策，三者不可能同時併存，此可在歐債危機中得到證實，此一說法顯示財政整合是必要的，但短期不可能保證金融市場的穩定。

另外，Jean（2012）指出，貨幣政策、財政政策與金融穩定，才是不可能的三頭馬車或不可能的三難困局（impossible trilemma），要同時達到這三項目標，是歐債危機問題的核心。歐洲經濟與貨幣聯盟（EMU）之創建先驅認為，不可能只靠金融市場就能監督政府的債務與赤字水準，讓債務與財政往可持續的方向發展，健全的

財政才是維持可持續的經濟成長的前提，健全的財政也與強調穩定的貨幣政策正面相關。因此，EMU在「穩定與成長公約」（Stability and Growth Pact）中明訂債務與赤字上限水準，特別禁止貨幣融通（monetary financing）與不准紓困（no bailout）條款，會員國間也需相互監督與審核。

雖然「穩定與成長公約」設計良好，但執行不夠確實，歐元區還是面臨了二次大戰以來最嚴厲的主權債務危機，究其原因，有三點不可忽視：政府支出浮濫、金融市場過度反應、政府紓困銀行。

二、政府債務與財政赤字爲何如此高？

如果政府債務健全，沒有財政赤字，公債殖利率也不會漲破7%，危機也不會持續長達兩年之久，所以關鍵問題是：政府債務與財政赤字為什麼會這樣高？它是主權債務危機的根源。

（一）政府採行財政激勵措施因應金融危機，而且提供銀行資產保證、資本重組並成立壞帳銀行（bad banks）等紓困銀行的措施，因而導致政府債務與財政赤字比率逐漸提高。

（二）有些國家雖然採行審慎財政措施，但還是發生金融危機，及政府債務與財政赤字比率偏高的情況，很明顯的，經濟治理無法保證財政紀律，有些國家的私人部門債務也出現失衡的情況（例如，像西班牙的銀行呆帳暴增），當然很快的就讓政府債務增加，政府部門失衡的情況更惡化。

（三）除了政府財政失衡惡化，政府負債與財政赤字還會與金融體系的脆弱相互糾葛，侵蝕財政根基，讓公債殖利率上升，由於銀行持有大量公債（表3.1），這相當不利於金融體系，並因而波及總體經濟，進一步衝擊政府財政與金融市場。

表3.1：歐元區各國公債持有人比重分析表（截至2011年中）

單位：%

	國內銀行	央行	ECB	其他公家機構	其他居住民	非居住民（不包括ECB）
希臘	19.4	2.6	22.9	10.1	6.5	38.5
愛爾蘭	16.9	-	16.1	0.9	2.43	63.8
葡萄牙	22.4	0.8	11.2	-	13.5	52.1
義大利	27.3	4.0	5.3	-	26.7	36.7
西班牙	28.3	3.5	4.8	-	30.2	33.2
德國	22.9	0.3	-	0.0	14.1	62.7
法國	14.0	-	-	-	29.0	57.0
荷蘭	10.7	-	-	1.1	21.4	66.8
英國	10.7	19.4	-	0.1	39.5	30.2
美國	2.0	11.3	-	35.5	19.9	31.4

資料來源：Jean（2012）

（四）義大利與西班牙的銀行大量曝險於其國家的公債

2007年時，德國、義大利、西班牙與葡萄牙之公債約25%由其國內銀行持有，法國、希臘及荷蘭的比重則沒那麼高，愛爾蘭則更低，然在2007年至2011年中這一段期間，非居住民持有公債比重降低，國內銀行持有比重則更高，此種情況在愛爾蘭、葡萄牙與希臘非常明顯，義大利與西班牙情況亦不輕，顯示這些國家的銀行大量曝險於其國家的公債，德國國內銀行持有德國公債的比重則明顯降低。銀行曝險於政府債務，隱含歐元區公債的融資明顯具有流動性危機與清償能力危機，政府與銀行相互綁架。由表3.1可知，義大利與西班牙公債由其國內銀行持有比重高達約28%，而19.4%的希臘公債由希臘的銀行持有；反觀，英國與美國則相當低，美國公債由美國的銀行持有的比重只有2%，大部分由美國國內其他機構及外國人持有。

二、南歐諸國未能有效運用外資

在2002年至2007年期間，希臘與德國之十年期公債利率幾乎處於相同水準，德國央行委員Dombret（2012）指出，這麼低的長期利率水準吸引大量資金流入南歐諸國，然而像希臘與葡萄牙，它們並沒有好好將這些資金運用到生產用途，反而用於政府與個人之支出與消費，而像愛爾蘭與西班牙則允許投資房地產與住宅建築，終致房市泡沫，產生大量呆帳，拖累銀行體系，據估計，西班牙的銀行呆帳超過1,800億歐元以上。信用泡沫與競爭力損失，導致政府債務增加，陷入難以清償之風險，此點在貨幣聯盟格外重要，因為像希臘、葡萄牙、愛爾蘭與西班牙，並沒有辦法採取貨幣貶值手段提高競爭力，面臨單位勞動平均成本漲幅高於平均水準的情況，當然需要痛苦的內部調整，才能在出口的財貨與勞務上回復價格競爭力；換言之，希臘、葡萄牙、愛爾蘭與西班牙的問題在於，既無法符合經濟與貨幣聯盟的要求條件，自己又沒有辦法進行內部必要的調整以改善體質。

四、雅典奧運是希臘財政赤字的主因

希臘當然問題重重，例如，貪腐、逃漏稅嚴重，或政商勾結、賄賂避稅時有所聞，希臘對公務員的福利非常好，公務員數量目前約八十萬人，佔全國勞動人口的10%，公務員薪酬比重明顯偏高，公務員為終身制，每年可領取十四個月的薪資，但工時短，四十多歲就可以退休與領取退休俸，公務員獎金的名目千奇百怪，例如，準時上班亦可拿獎金。希臘的福利支出雖不錯，卻缺乏適足稅收，讓希臘須依賴公債融通政府支出，致政府債務不斷累積，釀成債務危機。不過希臘人還算勤奮，希臘的社福支出占GDP比率遠低於瑞典或德國，但加入歐元區後，外資湧入，湧入的外資大都被希臘人揮霍掉，造就的只是泡沫經濟。

希臘的確腐敗叢生，希臘政府也寅吃卯糧，但希臘不是高福利國家，希臘的福利水準遠低於歐盟平均水準，更低於北歐的水準，2004年的雅典奧運事後結算發現虧損嚴重，這才是希臘財政赤字的主因，而歐豬五國基本上都是多黨制，它們的財政紀律差，根本無力管理社會的困境，黑社會橫行，人口走私問題嚴重，這也導致了希臘地下經濟規模巨大，約佔希臘GDP的25%至33%。總之，希臘發生債務危機是多方面原因構成的，但高福利絕對不是頭號因素。歐洲國家炒作希臘福利過高，其實是為希臘削赤製造藉口。

其實健全福利可抵抗危機，一個國家福利愈高，抗經濟危機的能力反而愈強。因為經濟危機時，福利國家不會產生過度的需求萎縮，因此不會發生大規模經濟衰退。當前希臘面臨的最嚴重的經濟問題是經濟持續衰退，而導致這一問題的不是因為福利過高，反而是因為缺乏福利保障而導致的消費低迷。

貳、歐元區脆弱的核心爲新的不可能的三頭馬車

一、歐洲中央銀行執行歐元區貨幣政策，資產負債表規模因主權債務問題而躍居全球第一

歐元區單一貨幣政策（由歐洲中央銀行執行）結合各國的財政政策，此一體制與英國及美國截然不同，也容易產生財政赤字；另外一個問題則是只能靠歐洲中央銀行收拾殘局，歐洲中央銀行採取非標準貨幣政策措施，推出放寬擔保品門檻、證券市場方案（SMP）、資產擔保債券（covered bond）購買方案，及長期再融通操作（LTROs），以擴大資產負債表的方式，將主權債務問題予以內部化，終致歐洲中央銀行資產負債表的規模已超過美國及英國，位居全球第一。

二、歐洲中央銀行可望扮演集中監理機關角色

長久以來歐洲中央銀行著重於防範通膨，但是無權管轄歐元區銀行體系，亦無法向各國政府施壓，以降低其預算赤字和實施經濟改革，就如同美國聯邦準備體系的

十二家地區聯邦準備銀行一樣，歐元區十七國央行應該成為歐洲央行體系下之機關，在歐洲央行的投票權應予以改組，使投票權與各國未來可能需承擔之損失成正比，那些負擔最大比例成本的國家應可享有更大的發言權，以控制損失規模，南歐國家的問題銀行曾要求歐洲央行提供其存款之擔保，以穩定金融體系，但是與此同時，所有的銀行都應受到歐元區單一獨立機關管轄，這個機關須有權關閉或合併倒閉的銀行。唯有歐洲央行實施這些改革，成為如同美國聯邦準備銀行的歐元區單一獨立機關，才能防範問題銀行再次引發金融危機，問題是即使歐洲中央銀行願意接下此一任務，也還有法律上之問題。

三、財政政策與金融穩定政策是新增的第三頭馬車

另有學者指出，貨幣聯盟下的金融市場，需要扮演校正財政失衡的角色，惟歷史經驗顯示，一國如果有財政失衡的跡象，它的長期公債利率應會上漲，它的信評應會被調降，金融市場的預警機制雖已反映出端倪，但尚無法有效扮演校正財政失衡的角色，歐債危機不僅是貨幣政策與財政政策相互關係的問題，也是貨幣政策與金融穩定政策相互關係的問題，更是三者間相互關係及三者間完全互動的三角問題或三頭馬

車，這三頭馬車是新增了財政政策與金融穩定政策第三個頭，不健全的財政政策，及各式各樣的金融不穩定，加上兩者間的相互作用，會危及貨幣政策平滑的傳遞機制。

四、歐元區脆弱的核心爲新的不可能的三頭馬車

歐元區脆弱的核心為新的不可能的三頭馬車（圖3.1），意即：銀行與主權債務相互依賴、嚴格的不准貨幣融通（央行不能直接在公債發行市場購買公債）、政府債務不能相互紓困（各自為自己的財政負責，此為不准紓困條款），三者不可能同時併存。解決歐債危機需從健全財政、維持金融穩定、俾讓貨幣政策的傳遞機制能平滑的運作著手。

資料來源：Jean（2012）

圖3.1：新的不可能的三頭馬車

參、物價穩定、金融穩定與主權債務可持續性是神聖的三位一體

這裡的神聖的三位一體無關宗教與莎士比亞，而是印度央行總裁Subbarao（2012）所指的，物價穩定、金融穩定與主權債務可持續性，是神聖的三位一體（Holy Trinity）。

印度央行總裁Subbarao（2012）指出，物價穩定是央行的政策任務，已得到絕大多數人的共識，如果金融穩定也是央行的政策任務，則央行就不能忽視金融穩定與主權債務可持續性之間的反饋迴路效果，亦即銀行危機會將政府拖下水，而政府債務危機也會因銀行持有政府公債而將銀行也拖下水，也就是說央行是否可同時兼顧物價穩定、金融穩定與主權債務可持續性，這三項政策任務呢？這是新的三難困局嗎？

印度央行總裁Subbarao（2012）回答了此一問題，他說物價穩定、金融穩定與主權債務可持續性不是不可能的三位一體，而是神聖的三位一體（Holy Trinity），因為並沒有理論指出，這三項目標相互間互相矛盾，反而這三項目標相互增強，三者加總

可讓經濟持續成長。但不代表這三項目標可同時達到，一旦達到也不代表就可天長地久，短期間更會出現緊張關係而需要取捨，政策上確有三難困局的情況，依照這三項目標兩兩之間的關係，總共可列出六個因果關係（圖3.2）：

一、物價穩定→金融穩定，為達到物價穩定目標，卻無法兼顧金融穩定目標。例如，ECB在2011年4月至7月間兩次提高短期利率，被批評有助物價穩定但卻有傷金融穩定，ECB此一舉動至今還餘波盪漾，到底那兩次升息恰不恰當，見仁見智。

二、金融穩定→物價穩定，為達到金融穩定目標，卻無法兼顧物價穩定目標。例如，美國聯邦準備銀行（Fed）為維持金融穩定，實施幾近零之利率政策，又兩度採行量化寬鬆措施（QE），另採行壓低長期利率之扭轉操作，實際上是冒著未來可能發生通膨之風險。

三、金融穩定→主權債務可持續性，為達到金融穩定目標，卻無法兼顧主權債務可持續性目標。例如，愛爾蘭、西班牙、英國均是為解決金融危機而紓困銀行，以達到金融穩定目標，但卻造成政府財政負擔加重，無法達成主權債務可持續性之目標。

四、主權債務可持續性→金融穩定，為達到主權債務可持續性目標，卻無法兼顧金融穩定目標。例如，希臘的銀行被要求承擔部分的政府債務，此將威脅其金融穩定。ECB的三年期長期再融通操作（LTRO）是另一個例子，ECB以三年期再融通操作貸放資金給銀行，鼓勵它們以此資金購買其政府公債，很明顯的以上兩個例子，是為了主權債務可持續性的目標，而影響金融穩定的目標。

五、主權債務可持續性↓物價穩定，為達到主權債務可持續性目標，卻無法兼顧物價穩定目標，最明顯例子為政府負債貨幣化，亦即央行在發行市場購買公債，或增加貨幣發行直接融通政府財政。例如，央行公開市場操作目的不是為了調節流動性，而是為了降低長期利率減輕政府負債之負擔，將有可能危及物價穩定目標。

六、物價穩定↓主權債務可持續性，為達到物價穩定目標，而提高利率，當然會造成政府債務負擔加重，而無法兼顧主

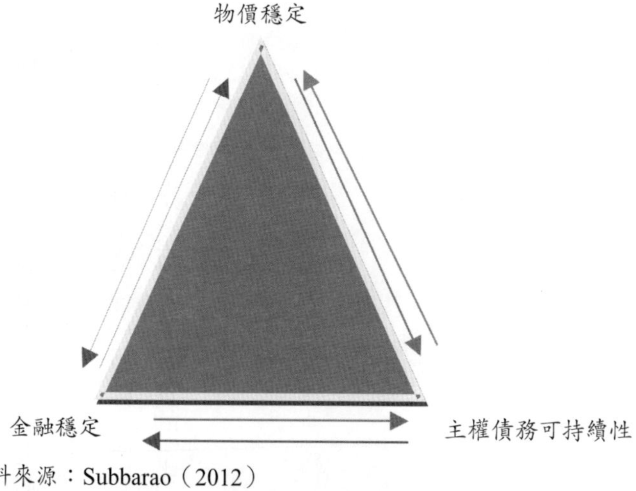

資料來源：Subbarao（2012）

圖3.2：神聖的三位一體

權債務可持續性目標。

在國際金融領域的不可能的三位一體，一國勢必要在匯率穩定、貨幣政策獨立性、資金自由移動間，放棄其中一項目標，但是在新的不可能的三位一體情況，沒有一個國家願意犧牲物價穩定、金融穩定、主權債務可持續性其中的任一目標，因為放棄其中任一項目標，將使均衡的經濟體系，很快變為不均衡，這是名副其實的不可能的三頭馬車啊！

附註

1. 不可能同時實現的三合一政策——即匯率穩定、資本自由移動及貨幣政策（利率政策）自主性。Krugman與Obstfeld指出，在開放經濟體下，獨立自主的貨幣政策、固定而可調整的匯率及資本自由移動，三者不可能同時存在，最多只有二者可以同時併存，另一個必須放棄，這種論點被稱為開放經濟的政策三難（policy trilemma for open economy），亦有學者稱為不可能的三位一體（impossible trinity），或俗稱「不可能的三頭馬車」，隱含不可能協調之意。準此，一國若要追求匯率穩定（固定）與貨幣政策自主性，就必須放棄資本自由移動，採資本管制；若要追求貨幣政策自主性與資本自由移動，就必須放棄匯率穩定（固定），採浮動匯率制度；若要追求匯率穩定（固定）與資本自由移動，就必須放棄貨幣政策自主性（因為國際收支失衡將迫使貨幣供給變動）。在資本可自由移動的情況下，通常大國選擇貨幣政策的自主性，小國則比較重視匯率的穩定性。不可能的三頭馬車在1992至1993年的歐洲貨幣體系（EMS）危機中證明為真。見黃仁德、林進煌，《國際金融危機的經驗與啟示》，聯經出版公司出版，2007年10月10日。

第四章

少爲人關注的七項歐債危機經濟學議題

壹、歐洲中央銀行的貨幣政策操作是否泛政治化

1980年及1990年代央行的對抗通膨，央行明顯是勝利的一方，Michael Woodford的模型隱含假設金融部門是健全的，有金融摩擦（例如，貸款有違約情況）但沒有破產，明顯假設貨幣政策與財政政策完全可信，不可能有財政破產與債務風險溢酬的情況，所謂債務風險溢酬就是債務品質不佳，需要額外支付利息的情況，就像歐債危機期間，西班牙的公債利率升破7%的情況，此一較高的利率明顯就是債務風險溢酬。但事實上，過去十年來，所發生的金融危機、經濟衰退、主權債務危機與債務風險溢酬，已證明Michael Woodford的模型無法解釋這些現象。而面對金融危機，央行則採取極低的利率政策，及量化寬鬆（如美、英、日）或非標準的貨幣政策措施（如歐元區），使用這些非傳統之貨幣政策措施來因應金融危機，ECB所推出的長期再融通操作（LTRO），三年期之貸款利率只有1%，允許以主權債券為擔保品，並鼓勵銀行以取得之貸款資金購買有問題之主權債券，2011年12月與2012年2月進行兩次的長期再融通操作，總共注入將近一兆歐元之資金至金融體系，這些資金其中一大部分由西班牙與義大利之銀行取得，如此一來銀行可賺取不少利差，這是否等同將一兆歐元之資

金以其他名義進行財政移轉呢？央行角色改變，在金融危機之際是適當的，但卻模糊了貨幣政策與財政政策的分際，導致央行行動政治化，衝擊歐美央行的獨立性。

貳、歐元區迷失了機構

前ECB委員Gonzalez-Paramo（2012）指出，歐元區的問題在於集權的貨幣政策與分權的經濟政策並存，卻缺乏聯邦體制之機構，扮演吸收失衡衝擊之角色，為建立更強的經濟與金融聯盟，歐洲需要創造出這些迷失機構（missing institutions），以確保歐元能存活，由於歐元區政治整合速度緩慢，經濟議題應更快速推進，例如，Gonzalez-Paramo建議，歐洲金融穩定機構（EFSF）可以發行債券，所有會員國均能發行歐元債券，並共同保證。Gonzalez-Paramo所說的歐洲金融穩定機構實即目前的歐洲穩定機制（ESM）。

參、物價水準的財政理論課題

物價水準的財政理論（Fiscal Theory of the Price Level, FTPL）是1990年代興起的財政理論，物價水準的財政理論指物價水準由政府債務、租稅與政府支出所決定，而貨幣政策的影響力只是間接的，此一觀點正好跟貨幣學派之主流觀點南轅北轍，貨幣學派認為，通膨任何時間與地點均是貨幣現象。物價水準的財政理論宣稱物價水準是由政府預算限制式所決定，財政變數影響物價水準之決定，並非如傳統上所言，物價水準是由貨幣面所決定，Woodford（1995）將物價水準由財政面決定，定義為非李嘉圖制度，而物價水準由貨幣面決定則定義為李嘉圖制度。

物價水準的財政理論指在李嘉圖制度下，物價是由貨幣政策所決定，這一部分跟目前之認知相符，而在非李嘉圖制度下，物價則是由政府預算限制式所決定，這個新理論，很大程度說明了央行的貨幣政策，終究會被政府的財政政策所影響。央行如果要打擊通膨，沒有債務規模縮減的配合，是辦不到的。進一步演繹這個新理論，我們其實得擔心未來各國巨額公債造成的嚴重後果，出現通膨是必然的。另外一個要擔心的是，歐元區目前的濫頭寸資金，有一天也會成為未來通膨的隱憂。

無法持續的財政（例如，美國、希臘）會導致通膨嗎？通常貨幣政策以物價穩定為目標，然無法持續的財政，則會導致通膨，因此，需看貨幣政策與財政政策的相互互動關係而定。歐債危機顯示，經濟理論不應忽視財政政策的角色，假設貨幣政策是積極的，財政政策為被動的，此種經濟模型並不適當，歐債危機讓經濟學家更注意到，財政政策導致通膨的問題。

肆、財政撙節的財政乘數：衰退與主權債務

英國與西班牙因為緊縮財政導致經濟衰退，希臘要如何縮減政府支出，據估計，縮減政府支出之產出乘數約為一或更小，因此，縮減政府支出對GDP之影響很小，惟此一乘數在不同情況下會不同：

一、經濟衰退期間比擴張期間還大：經濟衰退期間縮減政府支出對GDP之影響比

較大，是因為經濟衰退期間之產能過剩較嚴重，且金融市場之效率較差，這是值得注意的地方，照此看來，歐元區似不應過度撙節支出。

二、高負債國家之乘數會更小：高負債國家縮減政府支出對產出之影響較小，是因為衰退風險轉由民間債務人承擔，主權債務之風險溢酬將降低，公債信評不佳所導致利率上漲之情況較輕微。照此看來，希臘及義大利等國家，縮減支出對產出之影響會較小。

三、出現流動性陷阱時，乘數會更大：因為流動性陷阱時，表示利率已低到不能再低，民眾開始預期將來利率會上揚，由於利率上揚，債券價格會降低。因此預期利率上揚就代表預期債券價格越低，此時大家不願意持有債券，只願持有貨幣，任何多出來的貨幣都想持有在身邊，以待將來利率上揚，債券價格下跌之時，再去買債券，這種持有貨幣的需求屬於投機性的貨幣需求，而民眾對貨幣需求無限增加的現象，就是流動性陷阱，此時縮減政府支出之產出乘數會較大。

四、自動穩定因子較大時，乘數會更小：歐洲之自動穩定因子較小，因此乘數會較大。

五、根據以上說明，縮減政府支出對產出與稅收之影響在不同情況下會不同。

伍、在財政動盪與不確定期間的強制貨幣政策

金融危機平緩後，物價穩定將成為新的議題，因此，政策利率將趨向自然利率（亦即中性利率），它是貨幣政策不鬆也不緊的利率，在沒有物價或工資僵硬性時，自然利率是適當的利率，惟它無法直接觀察。基本上泰勒法則（Taylor rule）截距項之值，與自然利率很接近。財政動盪時，會影響需求與儲蓄水準，因而影響自然利率水準，尤其是在政府債券具有流動性價值時，更是如此。

所謂泰勒法則或泰勒曲線（Taylor curve）是描繪通膨變動與產出變動之可行組合，因此，貨幣政策可採：⑴降低通膨變動為主要目標之「嚴格通膨目標制（strict inflation targeting, SIT）」，或採⑵控制通膨為中期主要目標，但短期則需兼顧產出或就業等目標的「彈性通膨目標制（flexible inflation targeting, FIT）」，如此可兼顧通膨變動與產出變動，或採⑶控制產出變動為主要目標的「嚴格產出缺口目標制（strict output-gap targeting, SOT）」。

因此，依據泰勒法則，名目短期利率 =實際通膨率＋中性實質利率＋0.5×（產出缺口+通膨缺口）；換句話說，是利用利率缺口、產出缺口及通膨缺口來評估貨幣

政策走向。所謂利率缺口是利率水準與目標利率之差距；產出缺口是指實際產出與潛在產出之差距；而通膨缺口則指實際通膨率與目標通膨率之差距。根據泰勒法則，長期時，產出缺口為零，通膨率維持於通膨目標率，實質聯邦資金利率會等於中性實質利率。透過實際實質利率與中性實質利率之利差（即利率缺口）關係，可據以執行貨幣政策。

不過，泰勒法則專注通膨與產出，而忽視貨幣與信用的重要性，金融海嘯已喚起世人重新評估泰勒法則的實用性。

陸、中性利率

根據前述，有必要進一步說明中性利率之定義，中性實質利率之決定因素，中性實質利率之衡量及估計結果，中性實質利率在貨幣政策中扮演的角色。

一、中性利率之定義及與長期均衡實質利率之差異

中性利率（neutral real interest rate）或自然利率（natural rate of interest），是一不具有擴張性及緊縮性的實質利率水準。中性利率無法直接觀察，需估計，可定義為在貨幣政策攸關期間內，通膨穩定（stable inflation）且產出缺口（output gap）為零的實質利率。中性利率之其他定義尚包括：(1)不影響商品價格之特定放款利率，(2)潛在產出、通膨穩定下之實質短期利率或實質聯邦資金利率，(3)指引貨幣政策之中期實質利率，(4)價格可彈性調整、產出均衡下之實質利率，(5)充分就業、穩定的低通膨、潛在成長（growth at potential）環境之利率水準（JP Morgan之定義），(6)不存在名目摩擦之均衡實質利率。

中性實質利率與長期均衡實質利率不同。中性利率只需滿足通膨穩定與產出缺口為零兩個條件，中性利率不是固定值，基本上係在長期均衡實質利率水準附近波動，其變動主要決定於經濟結構、偏好與科技變動等因素。而長期均衡實質利率除需滿足中性利率之定義外，尚需滿足以下條件：(1)其他部門，如債務、經常帳、實質匯率水準、租稅、社會福利制度與資本市場結構等部門均處於長期均衡狀態。(2)簡言之，係經濟成長處於長期均衡成長率下的實質利率。

二、中性實質利率之決定因素

在封閉經濟體系下，投資（代表資金需求）等於儲蓄（代表放款供給）決定實質利率，所有導致儲蓄增加的因素，均可降低中性利率，例如，儲蓄增加，導致消費與投資需求減少，央行降低政策利率以避免需求下跌，中性實質利率下跌。而所有導致投資增加的因素，均能提高中性利率，例如，生產力提高，投資需求增加，央行提高政策利率以抑制生產與通膨壓力，中性實質利率上漲。至於其他提高中性實質利率之因素尚有：⑴公共債務增加，導致資金需求增加，⑵通膨風險增加，因而要求實質報酬提高，⑶流動性風險增加，使得投資人要求風險貼水。

在開放經濟體系下，放經濟體系透過全球資本市場籌資，其中性實質利率的決定因素與封閉經濟體系不同。例如，國內儲蓄不足以滿足投資需求或公共債務需求時，可透過全球資本市場籌資挹注，此時並不會提高中性實質利率，就某一經濟開放國家而言，其中性實質利率由全球之中性實質利率與該國特定風險貼水所決定。全球之中性實質利率由主要國家之結構因素所決定。例如，美國之中性實質利率上漲時，將造成其他國家貨幣貶值及物價上漲壓力，利率因而上漲。而一國特定風險貼水由該國之結構因素所決定，這些因素包括匯率風險、流動性風險及與金融市場有關之因素。

三、中性實質利率之衡量

金融市場不完全會影響中性利率的衡量。依定義，中性利率是不存在名目摩擦之均衡實質利率，不過，大部分一般均衡模型通常假設金融市場為完全的（complete），惟實際上金融市場存在名目與實質之金融摩擦（例如，銀行會破產或倒閉），更是不完全的金融市場，缺乏某些產品（例如，匯率期貨，以致無法滿足避險需求）。因為名目金融摩擦可能影響投資支出、資本存量及其邊際生產力，中性利率在此一環境下會跟隨調整。因此，金融摩擦會影響中性利率與經濟體系其他變數之關係。而金融市場不完全更可能會影響中性利率的衡量，及實質利差對產出通膨與其他總體變數之效果。

金融市場不完全影響中性利率的方式。金融市場不完全導致實質利差與家計、廠商融資成本間不存在清楚的簡單關係，而金融市場不完全係透過四種方式影響中性利率，及實質利差與經濟體系之關係，這四種方式為：⑴因資訊不對稱而起之風險價差或信用分配，⑵契約不完全，⑶金融市場參與者之預期錯誤，⑷存在金融市場之代理問題，例如，基金經理人因任期短而抄短線，未能以投資人最大利益為最高目標。

以歐債危機之信用風險為例，因為不知道希臘會不會違約，所以存在著資訊不對稱而起之風險價差，雖然美系銀行對歐元區曝險低於歐系銀行，最近因深陷歐元區債務而無預警倒閉的MF Global Holdings Ltd事件，卻讓投資人對美系銀行的歐元區曝險無法掉以輕心。MF Global Holdings Ltd前身為曼氏期貨（Man Financial），是全球最大衍生性金融商品與避險基金投資機構。市場擔心銀行用以避險的信用違約交換（Credit-Default Swaps, CDS）功效減弱，導致避險效果不彰，如果希臘債券投資人自願承擔50%的損失，則不視為倒帳，其CDS不會執行，以CDS從事希臘債券避險者無法完全達到購買CDS的避險效果。雖然銀行辯稱檢視淨曝險部位即可知曉銀行是否穩健，反對者認為淨曝險部位無法顯示風險全貌，況且以CDS避險尚面臨巨大的交易對手風險。摩根大通（J.P. Morgan Chase）和高盛（Goldman Sachs）在揭露其曝險部位時，將總曝險部位減去抵押品（債券及現金）及CDS部位，稱為淨曝險部位。

就風險價差而言，當貨幣總計數的成長異常時，是實質利差變化的良好指標，消費者物價通膨也可能是實質利差很好的代理變數。但若實質利差影響私人部門行為之效果不如預期時，其中差異部分就是存在風險價差所致。風險價差可視為長期放款利率與預期未來短期利率折現和之利差。再就金融市場參與者之預期錯誤而言，錯誤的預期（對景氣過度樂觀或悲觀）會影響金融資產價格，尤其是放款利率，因而會導致實際市場利率偏離中性利率。

由於各種不同中性實質利率水準下之通膨水準不相同，因此，若誤判真正中性實質利率水準將誤導通膨。同樣的，各種不同中性實質利率水準下之產出缺口水準亦不相同，若誤判真正中性實質利率水準時，亦將誤導產出缺口。

至於要如何衡量中性實質利率呢？衡量中性實質利率最簡單的方式是，將實際的實質利率簡單平均，而更精密之估計方式是利用模型估計。

實際上，通膨與實質利差相關係數應為負，實質利差係指，實際實質利率－中性實質利率，若私人部門之決策模式是前瞻性的，亦即若目前支出決策決定於對未來利率之預期（或目前之長期利率），且企業以未來超額需求之預期作為訂價決策基礎，則目前通膨應與未來實質利差呈負相關。另一方面，若私人部門是依過去經驗作決策，則目前通膨應與過去實質利差呈負相關。Amato（2005）實證發現，通膨與不同時期之實質利差相關係數小且為正，顯示通膨不適合作為衡量實質利差之良好指標，應有其他變數（例如產出缺口）影響中性實質利率。

事實上，中性利率的變動不易評估，因為實質利率為消費成長的函數，但兩者走勢關係不密切，顯示尚有其他因素影響中性利率，或者是家計部門的偏好一直在改變。以上凸顯出中性利率的變動不易評估。

四、中性實質利率不易估計的原因

中性實質利率不易估計，也無法精確知道，所有估計方法都有缺點。例如，以簡單平均法估計的問題：(1)通膨預期無法觀察，故實質利率無法觀察，(2)完整的景氣循環不易釐訂，影響取樣時間的代表性，(3)簡單平均只是固定值，無法反映中性實質利率隨著外部發展、預算政策、科技進步、其他影響生產之因素而改變的特質，(4)雖可用通膨連動債券利率或隱含長期遠期名目利率（經長期通膨預期平減）代表實質利率，以解決中性實質利率隨時間變動的問題，但仍無法克服涵蓋完整的景氣循環取樣期間問題。

中性實質利率的估計，不管是對歐元區或對美國的估計結果，彼此之差異有時相差甚大，2002年左右，歐元區、美國之中性實質利率介於2%～3%之間，而美國中性聯邦資金利率則介於3%～4.5%之間，大溫和時代（great moderation）當時由於通膨風險降低，全球中性實質利率亦出現下跌趨勢。ECB（2004）對歐元區中性實質利率的估計結果為2%～3%，由於當時歐元區內生產與人口成長緩慢，沒有匯率風險、通膨風險下跌、財政整合，使得1988年來中性實質利率已下跌。

至於中性名目聯邦資金利率的估計值，則包括下列方法：(1)中性實質利率＋通膨目標率，或(2)潛在實質GDP成長率＋通膨目標率－期限價差，或(3)中性實質利率＋核心個人消費支出，或(4)中性實質利率＋長期通膨目標率估計之。

五、中性實質利率在貨幣政策中扮演的角色

（一）評估貨幣政策情勢的基準指標

實際實質利率低於中性實質利率時，代表貨幣情勢寬鬆；反之，實際實質利率高過中性實質利率時，代表貨幣情勢緊縮。中性實質利率也是採行反循環貨幣政策的參考指標，當景氣衰退時，實際實質利率應低於中性實質利率，貨幣政策應寬鬆；當景氣過熱時，實際實質利率應高於中性實質利率，貨幣政策應緊縮。而中性實質利率是一不具有擴張性及緊縮性的實質利率水準，當央行政策利率趨向中性實質利率水準時，表示經濟可望達到物價穩定與經濟穩定，此時經濟趨向長期均衡。

（二）中性實質利率是泰勒法則的關鍵變數

用中性實質利率可評估貨幣政策情勢，也就是應用泰勒法則來評估貨幣政策。

然由於中性利率不易估計，影響貨幣政策的執行，例如，長期中性利率不容易估計，致實際實質利率大部分落在中性利率區間外，表示就長期中性利率水準而言，貨幣政策決策者不自覺地會使得政策忽鬆忽緊。

綜上，中性實質利率是一種抽象觀念而不是一個數值，在追求物價穩定與產出缺口穩定的目標下，中性利率是貨幣政策的參考指標之一。由於中性利率無法觀察，不易估計，作為貨幣政策的明確指標，不如其他變數有用。低（高）估真正中性利率水準時，將造成貨幣政策過鬆（或過緊），通膨與產出缺口過高（或過低）之現象。金融市場不完全對中性實質利率之影響，及其對中性實質利率在執行貨幣政策所扮演角色之影響，均值得進一步觀察。

六、歐債危機下的中性利率

在2008年金融危機以前，國際清算銀行（BIS）即不斷提出有關貨幣政策過度寬鬆的警告，低利率及國際資本移動終於導致2008年金融危機，這一次低利率開始於2008年，預期將展延至2014年，低利率促使投資人到處尋求較高的收益率，包括買入國外公司債或主權債券，低利率也鼓勵外國公司借入美元，歐洲央行在2003年至2005

年間的利率水準也受到Fed低利率的影響，預估偏低2%，也是導致後來希臘、愛爾蘭及西班牙房市大漲的原因。Fed目前接近於零的利率政策，已使外國央行難以對抗信用及資產價格的暴漲，歐元區資金浮濫，ECB存款零利率，是否誘使閒置資金流竄，值得關注，歐債危機稍歇後，物價穩定將成為新的議題，因此，政策利率將趨向中性利率。

柒、歐元區正在和複式記帳法纏鬥

一般習以雙赤字（twin deficits）來表達財政赤字與經常帳赤字並存現象。

複式記帳法（double-entry bookkeeping）至少出現於十五世紀，國際收支帳包括經常帳、資本帳、金融帳、誤差與遺漏項目，該帳是依據複式記帳法所紀錄，國際收支帳與國際投資部位有關係，國際投資部位之投資收入係記載於經常帳之收入，

德國一心想要歐元區夥伴國實施財政緊縮，它的願望未能透過「穩定與增長公約」（SGP）實現，歐元區內部的國際收支危機、經常帳失衡、競爭力失衡、跨境資金流動、以及跨境放款，是歐債危機的核心問題，歐元區正處於複式記帳法的陷阱中，歐債危機與複式記帳法的關係是，民間部門緊縮時，政府部門就需擴張；反之，民間部門擴張時，政府部門就需緊縮，因為若一個國家的民間部門過度支出而處於入不敷出時（例如，愛爾蘭與西班牙過度興建住宅，導致房市泡沫），則政府部門就必須維持預算盈餘，愛爾蘭在金融危機前是做到了，不過它們卻都出現經常帳逆差，因此會發生危機。反之，若民間部門撙節支出時，則政府部門就需擴大支出，例如，德國、奧地利、芬蘭與荷蘭，依靠經常帳順差，融通政府財政，以上係反映財政自動穩定因子之機制，也凸顯歐元區正與複式記帳法纏鬥中。

第五章

總體經濟失衡與競爭力危機之探討

歐元區龐大而持續的外部盈餘與赤字，競爭力相繼損失，債務與房市泡沫的惡化，反映出過去十年來所累積大量且持續的總體經濟失衡，也是目前經濟危機的部分根本原因，不僅導致部分成員國陷入經濟困境，嚴重的外溢效果（或傳染效果）使歐元區面臨嚴重的威脅。

歐盟執行委員會（European Commission）在警告機制報告（Alert Mechanism Report, AMR）中，將歐元區總體經濟失衡的預防與校正，稱為總體經濟失衡程序（Macroeconomic Imbalance Procedure, MIP），而監督歐元區總體經濟失衡的預防與校正工作的進行，則是歐盟強化經濟治理架構的新工具，也是加強經濟治理六項改革法案（six pack）的部分內容，並增強監督財政政策；另外，監督總體經濟失衡也是歐盟的歐洲半年期（European semester）的一部分工作，可為國家經濟和預算政策提供協調機制，並盡一分心力，以追求財政的持續性、競爭力、金融穩定與經濟成長。

歐盟執委會所建立的「外部失衡與競爭力」及「內部失衡」指標（表5.1），是為能及早鑑定出短期失衡，及結構與長期趨勢所引起之失衡，我們發現這些指標主要是著重於最重要的層面－總體經濟失衡與競爭力損失，並特別強調歐元區的順利運作，由於「穩定及成長公約」（SGP），已規範歐元區的財政赤字上限與債務上限，有關政府負債之失衡指標就僅著重於它對總體經濟失衡之影響。

表5.1：歐元區與歐盟非歐元區之「外部失衡與競爭力」及「內部失衡」指標及其門檻值

	外部失衡與競爭力
「經常帳/GDP」比率三年平均值	盈餘6%/赤字-4%
「淨國際投資部位/GDP」比率三年平均值	-35%
實質有效匯率（以HIPC物價指數平減）三年平均值年升值或貶值	±5%/±11%
出口占全球比重（與五年前相比之變動率）	-6%
名目單位勞動成本三年平均值年成長率	9%（歐元區）/ 12%（非歐元區）
	內部失衡
實質房價年上漲率	6%
民間部門信用流量/GDP	15%
民間負債/GDP	160%
政府負債/GDP	60%
失業率三年平均值	10%

資料來源：AMR（2012）。建立門檻值所參考資料截至2010年。

對會員國深度檢核是總體經濟失衡程序的一部分，以鑑定是否存在總體經濟失衡，或有新的風險正在滋生，歐盟執委會2012年5月30日之新聞稿指出，十二個會員國面臨總體經濟失衡，但非過度失衡，需要進一步調整與密切監督，其中賽普路斯與西班牙則是非常嚴重的失衡，需急速解決，匈牙利與斯洛維尼亞（Slovenia）則為嚴重失衡。十二個會員國失衡情況均已在調整，主要反映在經常帳赤字的改善、單位勞動成本的趨合或收斂、信用流量的減少、房價的校正，至於有些會員國是否完全調整或充分調整，仍不清楚。這十二個會員國為比利時、保加利亞、賽普路斯、丹麥、芬蘭、法國、義大利、匈牙利、西班牙、斯洛維尼亞、瑞典及英國。至於希臘、愛爾蘭、葡萄牙與羅馬尼亞，則未列入警告機制報告進行評估，因為它們已是加強經濟監督的對象。

壹、歐元區持續性經濟失衡的原因

經常帳可分解為貿易餘額、淨要素所得及淨移轉收入等三項要素，南歐國家經常帳餘額並未隨生產力與經濟成長而增加，反而出現逆差。面臨此一問題，其實歐盟應妥善地利用系統性方法來監測各國外部性失衡，實施必要的政策協調並加以強化，以避免歐元區產生無法控制的超額失衡。早在2003年時，德國、法國就已宣佈不願意遵循SGP之規範，因為碰到經濟衰退時，若要縮減政府支出，將不利經濟成長，反而都實施赤字財政政策，因而弱化了SGP的限制，然全球金融海嘯改變一切，所有會員國均違反馬斯垂克條約（Maastricht Treaty）的預算限制標準，有些甚且瀕臨主權債務危機的邊緣，因而激起了投資人的風險意識，對於希臘、西班牙、葡萄牙、愛爾蘭、義大利之公債，均要求較高的風險溢酬，使得這些國家的籌資成本大幅提高。

歐元區內部的經常帳失衡是導致經濟趨異的主因，經濟趨異的過程早在1999年歐元問世時就已發生，導致歐元區分為北方與南方的雙速經濟，細究歐元區持續性經濟失衡的原因如下：

一、一般而言，經常帳失衡是反映經濟成長、反映人口老化、與反映儲蓄率差異。

（一）反映經濟成長：理論上，經常帳失衡未必就是經濟危機，若一個國家預期未來會快速成長，出現經常帳赤字將是最適的行為。例如，1975至2009年間，GDP平均年成長率德國為1.87%，若未來德國經濟成長率持續低於其他工業化國家，則德國將繼續提供融資資金給國際，資金將持續流出德國，自然而然，德國還是會繼續出現經常帳剩餘。

（二）反映人口老化：德國與日本之人口老化速度較美國快，為支應退休人員需要，他們有儲蓄的誘因，故而對美國出現經常帳順差。

（三）反映經常帳剩餘國家與經常帳赤字國家之儲蓄率差異：儲蓄率減投資率就是超額儲蓄率，經常帳剩餘國家與經常帳赤字國家之儲蓄率差異才是經常帳失衡的主要原因。「儲蓄/GDP」比率德國約5%，愛爾蘭幾乎為零，西班牙為-5%，希臘與葡萄牙均約為-10%；換個角度看，德國消費支出不足，愛爾蘭消費最多，其次依序為希臘、西班牙與葡萄牙。

二、北方以德國、盧森堡、荷蘭及芬蘭為代表，這四個國家合稱GLNF，加入歐元區前後，它們的家計與企業的儲蓄及投資行為大致不變。由於貿易餘額增加及淨要素所得收入，使得經常帳呈大額順差，由於經常帳是順差，因此需伴隨著資金流出，它們是資本輸出國，經常帳順差總是伴隨著資本輸出。

三、南歐周邊國家以希臘、葡萄牙、西班牙及愛爾蘭為代表，它們的實質利率偏低，導致銀行體系過度追求風險偏好，亦使得私人消費增加，民間淨儲蓄率嚴重惡化，投資率大幅成長，也就是說是一種負的超額儲蓄，我們說超額儲蓄跟貿易順差是同一件事（就像中國大陸與日本），所以負的超額儲蓄就伴隨著貿易逆差；另外，累積的淨國外負債進一步導致經常帳逆差，而移轉收入減少，及淨要素支出增加，使得經常帳出現持續性逆差，因此它們是資本輸入國，就像美國一樣。

四、因而形成資本由北往南移動的趨勢，其實這也符合經濟統合的過程，而在統合的過程中，南方歷經通膨率提高，因而使得實質匯率升值，這樣一來，競爭力當然降低，貿易帳與經常帳餘額下跌，國際收支惡化。

五、由於歐元區各會員國的經濟異質性及缺乏最適通貨區的條件，進而出現鉅額的經常帳失衡，在無法伴隨生產力及經濟成長自動產生盈餘的情況下，因而發生持續性失衡。

六、由於經常帳失衡的調整，除了靠匯率及跨國間私部門投資率與儲蓄率的自動調節來完成外，生產力及競爭力的提升也是重要因素。但由於南歐國家經常帳逆差，因此需伴隨著國外資金流入，可惜它們未善用這些流入的資金，因而也無法提升其經濟生產力與競爭力。

貳、經常帳趨異情況縮小，但尚未消除

像中國大陸、日本、德國一直是經常帳剩餘，而美國則一直是經常帳赤字，此種情況就是經常帳失衡，金融危機前，經常帳失衡就已存在許多年，但一直被忽視，因為理論告訴我們可透過跨境資金移動來融通失衡，然至今才明白，經常帳失衡並不溫馴，它會造成整體歐元區的脆弱。我們也會以美國與日本為例，說明匯率貶值或升值並無法消除經常帳的赤字或盈餘；因此，要解決歐元區內部的經常帳失衡問題，應從競爭力的平衡與結構性的改革著手。

一、經常帳赤字可能是財政赤字的原因

經常帳剩餘與超額儲蓄是一體的兩面，超額儲蓄表示儲蓄相對於投資過剩，會經由貿易盈餘累積外匯而融通赤字國家，就像中國大陸、日本、台灣均是超額儲蓄與經常帳剩餘，而美國則剛好相反，是超額消費與經常帳赤字，經常帳剩餘表示資金流出，就像德國，經常帳赤字表示資金流入或超額投資，就像南歐諸國。經常帳赤字可

能是財政赤字的原因，在金融全球化時代，金融資本反對財政赤字，認為財政赤字是金融騙子（the humbug of finance），不管經濟處於何種狀況，財政平衡是最理想的政策，此一觀點流行於前凱因斯時期，又稱為英國財政部觀點（Treasury view），相似的觀點為財政赤字不可超過某一限度，像歐元區目前的成長與穩定公約就是這樣要求的。也由於財政支出常依賴國外資本之支援，而須面臨國際資本移動的反覆無常，多數國家不得不限制財政赤字規模，因而限縮了政府擴大支出來刺激需求的範圍。當然美國是例外，美元在財富擁有者眼中等同黃金，美國財政赤字不會引發資本外流，但卻帶來其他問題。

雙赤字（指經常帳赤字與財政赤字）理論指出，財政赤字與經常帳赤字具有同方向的系統性關係。若觀察雙赤字的資料，可以發現經常帳赤字與財政赤字不存在密切的關係，每個國家的情況不盡相同，例如，義大利的財政赤字會引起經常帳赤字，而經常帳赤字不會引起財政赤字；加拿大則剛好相反，加拿大的財政赤字不會引起經常帳赤字，而經常帳赤字會引起財政赤字，原因是出現經常帳赤字時，政府需採行擴張性財政政策以刺激經濟。財政赤字龐大的國家，可能進一步擴大赤字以維持總需求與充分就業。但財政赤字增加會由納稅人儲蓄增加所抵消，因此，財政赤字不會引起經常帳赤字。

而以全球觀點來看，超額儲蓄代表總合需求不足，此一情況下，美國將成為最後消費者（the consumer of last resort）與最後赤字者（the deficit of last resort）；因此，經常帳也沒有理由要平衡，經常帳失衡或是全球失衡只是自由貿易的副產品，也不見得是壞事。經常帳失衡有好的失衡跟壞的失衡，好的失衡就像人體中的好的膽固醇，壞的失衡就像人體中壞的膽固醇。例如，若經常帳失衡是因為美國在1996年至2000年間的高生產力，與石油輸出國家的儲蓄所造成，此種失衡就是好的失衡，而若是因為美國財政赤字、中國超額儲蓄與全球累積巨額的外匯存底所造成，此種失衡就是壞的失衡。經常帳失衡不只是匯率問題，經濟結構與人口老化的問題，更是超額儲蓄所造成。

二、就經常帳的金融面來說

就經常帳的金融面來說，持續的歐元區內部失衡，表示有些公、私部門是年復一年的寅吃卯糧。像希臘、愛爾蘭這些國家還發生銀行部門過度槓桿操作，而承擔了過度風險，以致累積大量的外部負債，造成主權危機與銀行危機的雙危機，而且相互糾纏不清。當政府紓困銀行時，民間部門的負債很快就會成為政府的負債，導致主權債務危機；反過來，因為歐洲銀行過度曝險於歐元區各國公債，主權債務又拖累自己的銀行體系，而且會波及銀行的融資市場與公債市場的健全運作。若歐元區有政治聯盟，就像美國聯邦政府一樣，銀行的資本重組與存款保險，就會落在美國財政部與聯邦存款保險公司身上，這樣就不會造成美國州政府的財政困難，若歐元區能如此，就不會有愛爾蘭的情況，甚至西班牙也不需要歐盟紓困1,000億歐元，其中300億歐元還是用在銀行身上。

三、就經常帳的實質面來說

就經常帳的實質面來說，歐元區內持續的貿易失衡，也反映失衡國家持續累積的競爭力損失，此一情況會被美國前聯準會理事主席Alan Greenspan所說的非理性榮景所遮掩，亦即會被信用與消費所促成的經濟成長所遮掩，這在2008年以前的部分歐元區國家是常見的。但當資金移動逆轉，且外國人不再願意進一步融資希臘等這些國家的外部負債時，這些國家就會出現競爭力損失，並造成經濟成長降低與失業。

金融危機導致經濟活動收縮，外部失衡減輕，歐元區經濟衰退及經常帳赤字國家之民間部門需求亦減弱，使得進口減少，經常帳赤字因而獲得改善；相對的，經常帳盈餘國家之盈餘亦縮減。但經常帳/GDP比率高於6%與低於-4%之失衡情況卻依舊存在（表5.2及圖5.1）。如盧森堡（經常帳/GDP比率7.1%）、瑞典（7%）、荷蘭（6.8%）之經常帳大幅盈餘，希臘（-10.4%）、葡萄牙（-9.1%）、西班牙（-4.3%）之經常帳則大幅赤字，形成兩個極端之群體。經常帳赤字需由國外資金流入來融通，來自國外直接投資或資本移轉之資金流入，可降低經常帳赤字之脆弱性。例如，希臘、葡萄牙、西班牙就接受不少歐盟之結構性資金。歐債危機與歐盟之經濟成長如何發展，左右經常帳失衡是否能進一步改善。

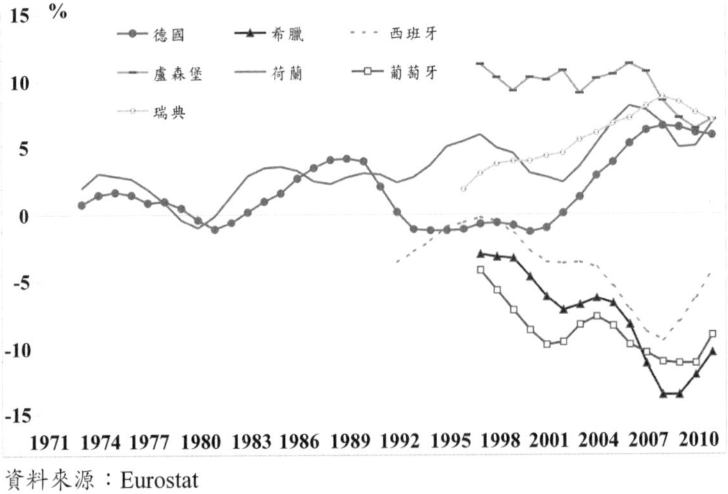

資料來源：Eurostat

圖5.1：歐盟會員國「經常帳/GDP」比率三年平均值

表5.2：歐盟會員國「經常帳/GDP」比率三年平均值

單位：%

	比利時	德國	愛爾蘭	希臘	西班牙	法國	義大利	盧森堡	荷蘭	葡萄牙	芬蘭	瑞典	英國
1971													
1972													
1973		0.8							2				0.2
1974		1.5							3.1				-1.7
1975		1.7							2.9				-2.3
1976		1.5							2.7				-2.1
1977		0.9							1.9		-3.8		-0.9
1978		1							0.9		-0.7		-0.2
1979		0.5							-0.4		0.4		-0.1
1980		-0.4							-1		-0.4		0.2
1981		-1.1							-0.1		-1.3		0.7
1982		-0.6					-2.1		1.4		-1.7		1.1
1983		0.2					-1.3		2.9		-1.5		1
1984		1					-0.8		3.5		-1.2		0.6
1985		1.6					-0.5		3.6		-1.1		0.6
1986		2.7					-0.4		3.3		-0.7		0.2
1987		3.5					-0.3		2.5		-1.4		-0.6
1988		4.1					-0.2		2.3		-1.8		-2.3
1989		4.2					-0.7		2.8		-3.1		-3.6
1990		4					-1.2		3.1		-4.2		-4.3
1991		2.1					-1.6		3		-5.1		-3.5
1992		0.2			-3.6		-2		2.4		-5		-2.5
1993		-1.1			-2.8		-1.2		2.8		-3.8		-1.9
1994		-1.2			-2		-0.1		3.7		-1.6		-1.7
1995		-1.2			-0.9		1.4		5.1		1.3		-1.4
1996		-1.1			-0.6	0.8	2.1		5.5		3.1	1.9	-1
1997	5.3	-0.7	2.5	-3	-0.2	1.6	2.7	11.3	6	-4.2	4.5	3.1	-0.7
1998	5.2	-0.6	2	-3.2	-0.5	2.3	2.6	10.3	5	-5.7	4.8	3.8	-0.4
1999	5.3	-0.8	1.1	-3.3	-1.4	2.9	1.9	9.3	4.6	-7.2	5.2	4	-0.9
2000	4.8	-1.3	0.2	-4.7	-2.7	2.5	0.9	10.3	3.1	-8.7	6.1	4	-1.8

	比利時	德國	愛爾蘭	希臘	西班牙	法國	義大利	盧森堡	荷蘭	葡萄牙	芬蘭	瑞典	英國
2001	4.2	-1	-0.3	-6.2	-3.6	2.1	0.4	10.1	2.8	-9.8	7.2	4.4	-2.4
2002	4	0.1	-0.7	-7.2	-3.7	1.5	-0.1	10.8	2.4	-9.6	8.2	4.6	-2.1
2003	3.8	1.3	-0.5	-6.8	-3.6	1.2	-0.3	9.1	3.6	-8.3	7.2	5.6	-1.8
2004	3.7	2.9	-0.5	-6.3	-4	0.8	-0.5	10.2	5.3	-7.7	6.5	6.1	-1.8
2005	2.9	3.9	-1.4	-6.7	-5.4	0.3	-0.7	10.5	6.9	-8.4	4.8	6.8	-2.1
2006	2.3	5.3	-2.5	-8.3	-7.2	-0.2	-0.9	11.3	8.1	-9.8	4.6	7.2	-2.7
2007	1.8	6.3	-4.1	-11.2	-8.8	-0.7	-1.2	10.7	7.8	-10.4	3.9	8.1	-2.8
2008	0.6	6.6	-4.8	-13.6	-9.5	-1.1	-1.9	8.5	6.8	-11.1	3.7	8.8	-2.4
2009	-0.5	6.5	-4.6	-13.6	-8.1	-1.4	-2	7.2	5	-11.2	2.9	8.4	-1.8
2010	-0.6	6.1	-2.7	-12.1	-6.3	-1.7	-2.8	6.4	5.1	-11.2	1.9	7.6	-2.1
2011	-0.3	5.9	-0.8	-10.4	-4.3	-1.8	-2.9	7.1	6.8	-9.1	0.8	7	-2.2

資料來源：Eurostat

四、匯率貶值無法消除經常帳赤字：以美國為例

美元在2002～2008年間的貶值是美國政府與美國聯邦準備銀行（Fed）所樂意看到的，因為他們認為這樣可以改善美國貿易赤字，事實上美國經常帳赤字占GDP比重自1992年起開始增加，2006年高達6.5%，因金融危機減少消費及進口的關係，2009年才降到3%。由於美國人持有之國外資產大多是以外幣形式持有，美國人的國外負債則多以美元計價，美元貶值的確有利於美國國際投資部位的立即改善，也因此，美元雖然貶值，儘管經常帳逆差仍擴大，但美國國際投資部位卻未出現惡化的現象。然而，美國貿易赤字的變化與美元有效匯率幾乎扯不上關係，大部分美國政客與經濟學家均認

為人民幣幣值低估才是中國對美出口在2008年信用緊縮前大增的主要原因；因此，他們都促使人民幣對美元要升值，以降低美國貿易赤字。

一般人們認為匯率變動對於一個國家的貿易餘額會產生可預測的影響，這種看法是錯誤的，特別是美元的大幅貶值，不僅不會矯正美國的貿易逆差，還會使全球總體經濟產生嚴重的後果，在金融開放的經濟體，持續的匯率變動，一定會反映在未來預期的相對貨幣政策上，諸如，貨幣升值的國家，將反映其貨幣相對緊縮（即通貨緊縮），而貨幣貶值的國家，將反映其貨幣相對寬鬆（即通貨膨脹）。從1950至1971年，日圓對美元的匯率固定於360：1，使得日本貿易財的價格水準受到有效的控制，然而，日圓對美元匯率自1971年8月的360：1，急升至1995年4月的80：1後，日本經濟自此步入通縮，至今尚未回復，貿易盈餘卻依然持續。因此若強迫人民幣升值，中國有可能重蹈日本的覆轍。

傳統認為匯率應被用來校正貿易失衡這個觀念是不對的，貿易逆差的原因很大的一部分是儲蓄率差異所造成，例如，美國儲蓄率自2000年大幅降低，中國淨儲蓄率則提高，肇致中美貿易逆差。1980年至1990年中期，當時日圓升值使日本成為昂貴的投資地區，日本廠商轉而投資亞洲其他低成本國家及美國，可是日本貿易盈餘持續增加。

由以上觀點，歐元若進一步對主要幣別再貶值，是否能讓歐元區經濟獲得改善，還是未知之數。

五、匯率升值無法消除貿易順差：以日本爲例

日圓匯價從1971年的360日圓兌1美元，一路升值到1995年的80日圓兌1美元。到1980年代後期，不斷攀升的日圓造成日本股市和房市泡沫及躉售物價指數（WPI）下滑。1990~91年泡沫破滅及1994~95年日圓劇烈升值，使日本陷入通縮的蕭條，造成日本失落二十年（1990~2010年）。近於零利率的流動性陷阱使貨幣政策無法刺激國內支出。即使2002年以後，停滯的工資與消費，顯示通縮的影響依舊留存。

但由於日本的高儲蓄率使得日圓即便升值，貿易逆差仍未能降低。1960年代，日本貿易順差頗少；1970年代，增加到GDP的2%；1980年代晚期，達到GDP5%的高峰；其後維持接近GDP4%的水準。

對於一個資本帳開放的經濟而言，日圓匯率的升值是無法改善美日貿易逆差的。在1980年代至1990年代中期的日本，當日圓逐步升值時，日本成為比較昂貴的投資地區，所以日本大型企業離開日本，前往成本較低的亞洲國家及美國投資。同樣的，因

為日本並非一成熟的國際債權國而未能以日圓做國際貸款，故日本擁有大量外幣（主要是美元）資產。美元相對日圓貶值所產生的負面財富效果，會進一步降低日本國內支出。此外，日圓升值亦使日本出口利潤大幅下滑，國內支出愈發減少。進口正是國內支出的一部分，故儘管日圓升值減緩日本出口的成長速度，但貿易順差仍持續增加。

此外，在1949～1971年間，日圓對美元匯率固定為360，日本WPI通膨率與美國類似。但從1970年開始，市場參與者預期美元將會貶值（日圓升值），熱錢開始由美國流入日本。為避免日圓升值過速，日本銀行在1971～1972年間大幅干預外匯市場，造成國內貨幣供給大幅成長與通膨。到1994年，日本WPI年通膨率為31.3%，大於美國的18.9%。直到1990年代晚期，日本通膨率才低於美國。日圓升值短期對通膨加速的影響，其強度與時間長度均令人驚訝。

由以上說明可知，匯率升值或貶值未必能改善經常帳問題，也就是說，歐元貶值或升值，未必就能校正德國的經常帳剩餘，與南歐諸國的經常帳赤字。

六、德國的經常帳與資本帳情況

Sell and Sauer（2011）以2009年底資料，分析歐元區內經常帳與資本帳失衡之情況指出，德國、荷蘭、盧森堡、愛斯托尼亞，均為經常帳剩餘與資本帳赤字（淨資金流出），芬蘭例外，芬蘭之經常帳與資本帳均為剩餘，主要是因為自2008年以來，直接投資、放款、存款與貿易信用等資金流入芬蘭，加上國外金融危機使得資金匯回芬蘭，致芬蘭資本帳呈現剩餘。國際收支經由央行準備資產的變化而達到平衡，例如，國際收支綜合餘額順差是反映在央行準備資產的增加，但芬蘭的情況並非如此，它的誤差與遺漏淨額出現巨額增加。

希臘、葡萄牙、塞浦路斯、西班牙、法國、義大利等，則剛好相反，為經常帳赤字與資本帳剩餘（淨資金流入），愛爾蘭則為例外，愛爾蘭之經常帳與資本帳均為赤字，主要是因為愛爾蘭自2008年以來，銀行體系之資金流出，致資本帳呈現赤字，若從支付系統TARGET2的角度來看，我們可將TARGET2負債視為國際收支中之資本進口（即資金流入），TARGET2資產則為資本輸出（資金流出）。

Bornhorst and Mody（2012）指出，自2002年以來，德國經常帳一直呈現順差的情況，但最近三年來，順差金額減少，此一情況雖緩和了歐元區的失衡，但卻引發另一個問題，那就是德國的出口商與銀行不再是歐洲的融資者，取而代之的是，德國以累積TARGET2資產的方式，輸出了資金，補足了此一資金缺口。

Bornhorst and Mody進一步指出，一直以來，歐元區內經常帳的失衡受到關注，但歐洲對資本帳的情況則付諸較多行動。德國對GIPS（希、義、葡、西）之資本帳波動情況遠較經常帳劇烈，也就是資金流量較貿易流量波動大，而且兩者之間也沒有關連性，表示貿易量影響跨境資金流量之程度很小；換言之，金融流量與經常帳融資無關，金融流量反映的是投資組合投資與銀行間市場之操作。

圖5.2及5.3又顯示德國之貿易盈餘自2008年之高峰急速縮減，主要是因為GIPS

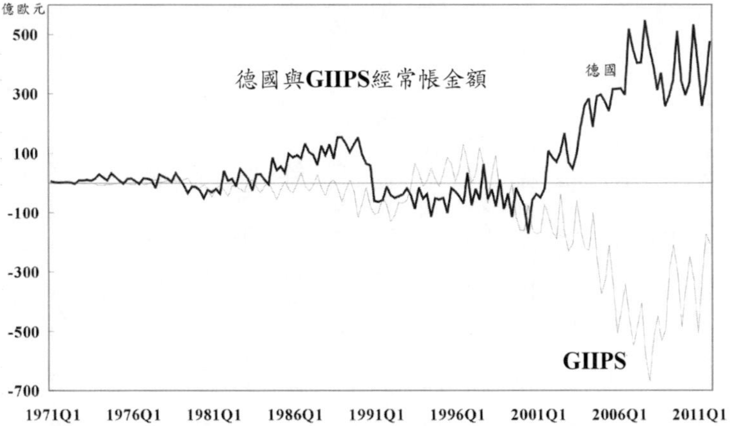

資料來源：Eurostat

圖5.2：德國與GIIPS之經常帳

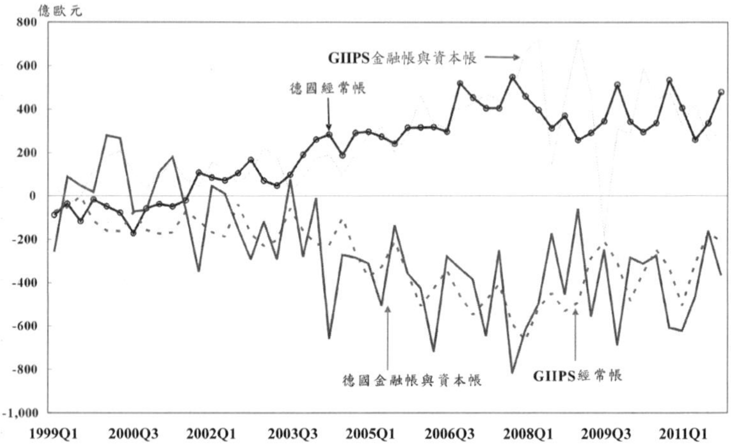

資料來源：Eurostat

圖5.3：德國與GIIPS之經常帳與資本帳

受危機影響，國內需求減少以致從德國進口減少所致。而德國對GIPS之資金流出，自2011年以來大幅和緩。整體而言，德國對GIPS之經常帳剩餘遠超過資金流出，但2011年第三季之情況則緩和許多。2005～6年，德國資金流往西班牙之金額大於對西班牙之經常帳盈餘，但2006年底後，德國對GIPS之經常帳盈餘遠超過資金流向GIPS之金額，德國對義大利一直是經常帳盈餘高過資金流向義大利之金額，然2011年出現逆轉，德國資金大幅流往義大利。

愛爾蘭是個例外的情況，2001年以來，德國對愛爾蘭之經常帳一直處於逆差；另一方面，由於德國銀行有十家位於愛爾蘭金融中心，德國之金融交易遠超過經常帳交易，2006～8年間德國資金大舉移往愛爾蘭，然2009年初則迅速逆轉，2010年第四季受單一交易事件影響，大量資金轉而回流德國，即使排除此一交易，德國移往愛爾蘭資金仍幾乎為零。

Sell and Sauer（2011）指出，TARGET2部位為負債的GIPS與TARGET2部位為資產的GLNF，是極端不同的兩個群體，2008年起TARGET2已扮演輸送信用至GIPS的角色，使得GLNF作了不情願的資本輸出至GIPS，在其他情況不變之下，歐元區的準備貨幣總數仍未變。

Sell and Sauer（2011）指出，自從2002年歐元正式流通後，歐元體系內經常帳失衡顯著惡化，德國因為歐元的問世而巨額獲利，而部分GIPS國家則因為丟了貨幣政策控制權與無法讓貨幣貶值而受害。2008年以來，十年期公債殖利率出現趨異（divergence）走勢，讓情勢更加惡化，目前希臘與德國十年期公債利差甚至已高過1993年時之水準，長期利率已由趨合又走向趨異。

七、GLNF之經常帳剩餘與GIPS之經常帳赤字

Sell and Sauer（2011）指出，經常帳剩餘與資本帳赤字（芬蘭例外）之德國、盧森堡、荷蘭、芬蘭（合稱GLNF），剛好擁有最大的TARGET2資產部位。GLNF之經

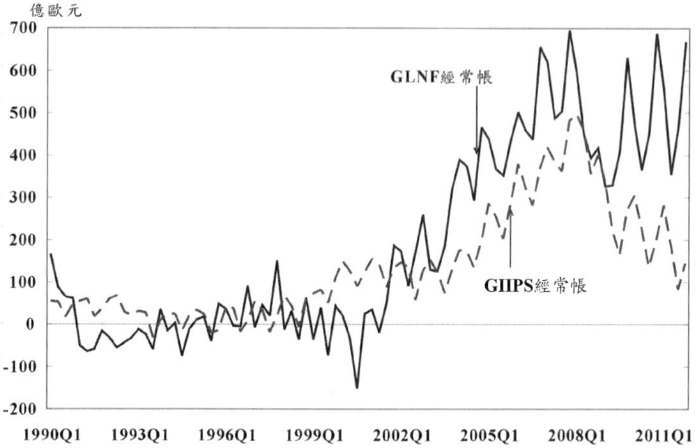

資料來源：Eurostat

圖5.4：GLNF之經常帳剩餘約略等於GIPS之經常帳赤字

常帳剩餘加總數字約略等於GIPS之經常帳赤字加總數字（圖5.4）。

2001年以來，德國經常帳持續順差（圖5.3），GIIPS歐豬五國則為逆差，而金融帳與資本帳方面，德國自2003年以來持續逆差，GIIPS則為順差（2009年第三季則為逆差），這兩個群體展現出密切而相反的關係，顯然德國從歐元獲益，GIIPS諸國因歐元而吃虧，這也是競爭力不同與結構性因素所造成的結果。

參、淨外部負債存量仍巨大

淨國際投資部位（NIIP）為某一國對外之淨金融部位（資產減負債），包括直接投資、金融投資、金融衍生性商品、其他投資與準備資產之存量，淨國際投資部位正值表示該經濟體為淨債權國，負值則為淨債務國，正值愈高，將使該國之經常帳收入愈多，表5.3顯示，2011年歐盟會員國「淨國際投資部位/GDP」比率為負值的國家為愛爾蘭、希臘、西班牙、葡萄牙與義大利；正值的國家為德國、荷蘭、盧森堡及芬蘭，難怪它們的經常帳是盈餘的，也難怪它們在歐元區支付系統上累積了很大的資產部位，其實這些現象都是相關的，也都是探討歐債危機不可忽視的深層涵義。這四個國家剛好合稱為GLNF，分別取其英文國名之第一個字母而成，GLNF在歐元區支付系統具有特別涵義，因為它們在支付系統之帳戶上均為正值，此將在第七章詳述。

葡萄牙、西班牙、愛爾蘭與希臘之「淨國際投資部位/GDP」比率均為嚴重負值，如愛爾蘭（比率為-102%）、葡萄牙（-102.6%）、西班牙（-92.1%）、希臘（-79.2%）、義大利（-21.8%），許多經常帳赤字國家之「淨國際投資部位/GDP」比率，已超過歐盟門檻值-35%，高達-60%以上之水準（表5.3及圖5.5）。

表5.3：歐盟會員國「淨國際投資部位/GDP」比率

單位：%

	比利時	德國	愛爾蘭	希臘	西班牙	法國	義大利	盧森堡	荷蘭	葡萄牙	芬蘭	英國
1971		6.2										5.9
1972		5.8										8.4
1973		5.8										5.5
1974		7										1
1975		8.2									-18.3	0.7
1976		8.1									-18.9	1.9
1977		7.5									-20.6	2.5
1978		7.1									-17.6	6.1
1979		5.3									-14.4	4.3
1980		3.7									-14.5	5.9
1981		3.6									-16.3	10.3
1982		3.8									-18.4	12.7
1983		4.5									-19.9	15.2
1984		7									-19.6	20.2
1985		6.4									-16.2	16.6
1986		8.8							16.4		-15.7	22.2
1987		12.4							14.2		-17.1	11.7
1988		16.7							16.4		-18.2	10.3
1989		19							20.1		-21.2	10
1990		20.5							17.8		-26.9	-2.2
1991		16.7							17.2		-34.2	-0.4
1992		14			-19				14.2		-46.2	1.7
1993		11.5			-24.7				16		-52.3	4.4
1994		9.6			-22.7	-1.8			14		-50.3	2.5
1995		5.5			-22.1	-3.5			12.6		-40.7	-2.2
1996		4.3			-23.9	-3.2			6.7	-9.5	-41.6	-7.6
1998		0.4	25.5	-25.2	-31.7	-1.6	-9		-4.4	-22.4	-73.7	-19.2
2000		3.3	-7.9	-40.1	-32	-7.6	-7.2		-15.2	-41.2	-147.8	-9.9
2002	36.6	5.1	-17.8	-52.9	-41.6	3	-12.4	100.4	-24.3	-54.6	-36.8	-11.2
2004	28.4	10.7	-17.9	-67	-51.9	-4.7	-15.8	113	3.7	-64.1	-10	-18.4

	比利時	德國	愛爾蘭	希臘	西班牙	法國	義大利	盧森堡	荷蘭	葡萄牙	芬蘭	英國
2005	33.5	21	-24.5	-77.3	-55.6	-4	-16.8	127.8	-2.6	-66.9	-15.3	-20.1
2006	29.4	27.9	-5.3	-85.3	-65.8	-8.2	-22.2	131.5	3.2	-78.8	-13.8	-29
2007	28.9	26.5	-19.4	-96.3	-78.1	-9.3	-24.5	95.5	-6	-87.9	-27.9	-23
2008	39.8	25	-75.7	-76.9	-79.3	-11.3	-24.1	94.9	4.2	-96.1	-9.7	-7.1
2009	57.2	35.1	-103	-86.1	-93.7	-11.2	-25.3	99.2	22.1	-110.3	0	-21.1
2010	77.8	38.4	-90.9	-92.5	-89.4	-8	-24	103.9	29.4	-106.1	10.6	-23.8
2011	62.5	36.3	-102	-79.2	-92.1	-10.9	-21.8	103.1	37.3	-102.6	14	-13.4

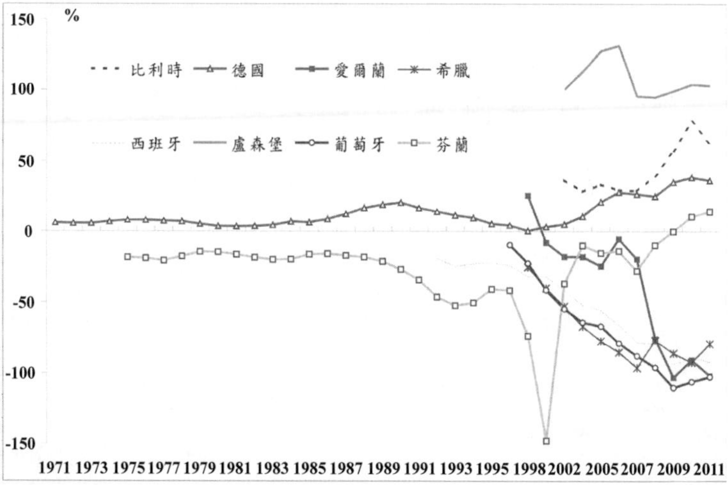

資料來源：Eurostat

圖5.5：歐盟會員國「淨國際投資部位/GDP」比率

國外負債包括金融負債、貿易信用與借款，淨國外負債為國外負債減國外資產後之淨值，使用附買回、借券、擔保放款及證券化等金融工具，會導致國外負債增加，金融危機導致淨國外負債大幅增加，大部分歐元區國家為淨債務國，2011年希臘、西班牙與葡萄牙之「淨國外負債/GDP」比率（表5.4及圖5.6），分別高達94.4%、93.3%及82.9%，顯示它們的金融部門漸躍居經濟部門之上，扮演重要角色，愛爾蘭與盧森堡之「淨國外負債/GDP」比率，則顯示兩國之國外負債遠低於國外資產，德國亦是如此。

表5.4：歐盟「淨國外負債/GDP」比率

單位：%

	德國	愛爾蘭	希臘	西班牙	法國	義大利	盧森堡	荷蘭	葡萄牙	芬蘭	英國
1995	2.2	-	-	-	-	-	-	-4.8	-	-	19.6
1996	4.3	-	-	-	-	-	-	-6.1	-	29.3	20
1997	6.4	-	-	-	-	-	-	-12	-	26.1	15.2
1998	11.7	-	-	-	-	-	-	-12.7	-	25.8	17.2
1999	14.8	-	-	-	-	-	-	-2.8	14	17.4	23.5
2000	22.8	-	-	-	-	-	-	6.6	24.4	14.6	20.5
2001	20.9	-209.7	-	-	-	-	-	14.2	37.2	6.3	27.6
2002	21.6	-209.5	-	25.7	-	-	-2412	26	40.2	4	34.9
2003	16.7	-213.8	49.8	29.3	-	28.8	-2358	19.6	37.7	-6.1	34.2
2004	12.9	-200.2	53.4	35.1	-	28.6	-2454	21.4	39.5	-6.4	41.8
2005	9.8	-209.3	59.2	44.5	6.5	32.4	-2521	18.7	47.5	-5	45.6
2006	0.2	-201.8	63	57.8	8.5	36.5	-2614	14.9	54.8	-3.2	47.5
2007	-4.1	-211.7	69.4	68.5	10.8	41.4	-2679	20.4	64	-2.1	43.9
2008	-1.1	-159.9	76.4	76.2	19.1	40.6	-2385	29.2	75.2	12.1	38.1
2009	-7.3	-206.1	87.9	88.2	21.5	45.2	-2946	20.6	84.8	22.7	46.5
2010	-5.8	-295.9	101	91.4	23.5	51.4	-3309	33.6	83.2	27.9	46.3
2011	-2.7	-355.8	94.4	93.3	27	-	-3339	33.4	82.9	30.7	-

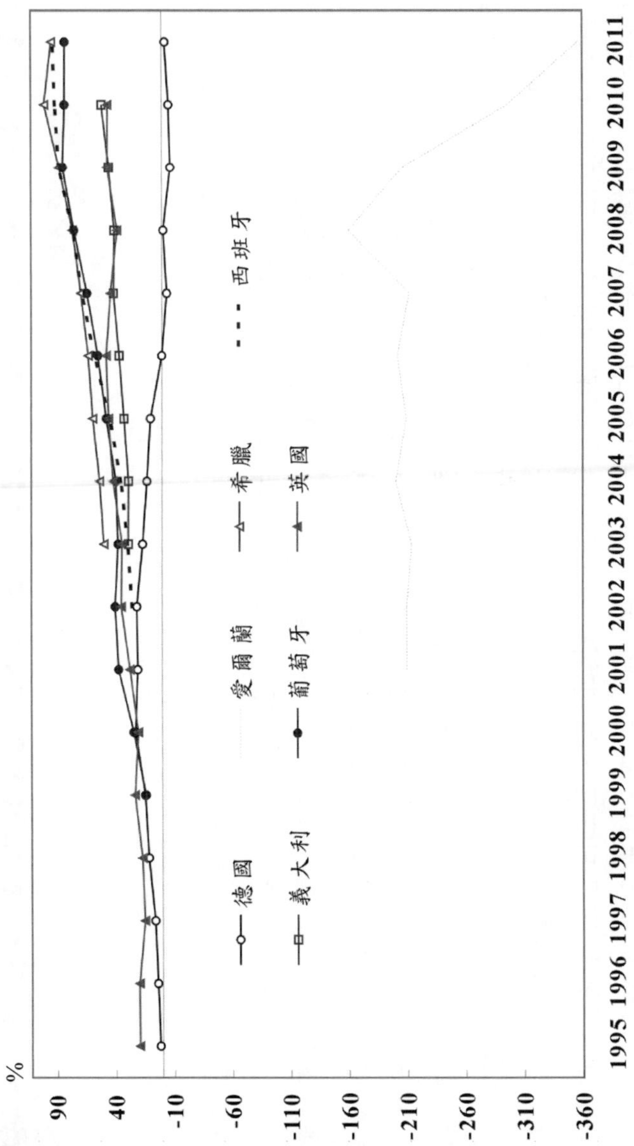

資料來源：Eurostat

圖5.6：歐盟「淨國外負債/GDP」比率

肆、金融危機前之國外部位發展與價格競爭力趨異吻合

金融危機前，歐盟許多國家之工資成長高過生產力改善，提高了其單位勞動成本（Unit Labor Cost, ULC），我們發現歐債危機未爆發前，單位勞動成本成長率處於高點，而且大部分國家之單位勞動成本成長率逐漸趨合（表5.5及圖5.7），但歐債危機愈演愈烈之際，大部分國家之單位勞動成本成長率又逐漸趨異，顯示歐盟許多國家之工資成長高過生產力成長是一事實，也顯示此將不利於競爭力之提升與取得平衡。

同樣的，實質有效匯率是衡量貿易之價格與成本上之競爭力，也出現逐漸趨異之情況（圖5.8），本來2007年時，由實質有效匯率所衡量之競爭力已出現趨合情況，但2007年之後，卻又逐漸顯現趨異之情況，此一演變明顯表示，過熱產品與勞動市場之潛在結構僵硬，及工資對國家特定衝擊之不適當回應，但也可能反映某些國家逐漸趕上之過程，經常帳赤字高的國家其勞動成本提高之現象，係集中於非貿易部門，因此，資源會往這些部門移動，進一步對國外部門形成壓力。

表5.5：歐盟會員國名目單位勞動成本三年平均值年成長率

單位：%

	比利時	德國	愛爾蘭	希臘	西班牙	法國	義大利	盧森堡	荷蘭	葡萄牙	芬蘭	英國
1988	-	-	-	-	22	4.7	15.9	-	2.1	-	14.1	-
1989	-	-	-	-	19.3	3.9	16.4	-	-0.9	-	15.9	-
1990	-	-	-	-	23.6	5.8	21.4	-	-0.8	-	20.1	-
1991	-	-	-	-	26.8	8.1	24.7	-	3.5	-	22.5	-
1992	-	-	-	-	29.9	8.2	22.5	-	9.6	-	13.6	-
1993	-	-	-	-	24.3	6.5	14.4	-	10	-	-0.1	-
1994	-	11.1	-	-	15.4	2.9	6.1	-	6	-	-7.9	-
1995	-	6.3	-	-	6.9	2.1	3.4	-	2	-	-4.5	0.9
1996	-	2.6	-	-	5	1.5	6.6	-	0.5	-	0.7	1.7
1997	-	1	-	-	6.3	2.3	9.4	-	2	-	1.3	4.5
1998	1.8	-0.8	2.4	-	7.5	1.3	5.9	1.7	4.4	11.6	0.7	6.9
1999	2.7	-0.5	6.6	-	5.9	1	2	-0.5	5.3	9.9	1	8.2
2000	3	1.3	10	-	6.7	2.4	-0.2	2.2	7	10.4	2.7	8.3
2001	6.1	1.5	10.4	-	8.1	4.8	4.8	10	9.4	11.1	5	7.6
2002	7.1	1.6	10	-	9.4	7	7	11.6	13.2	11.9	5.1	6.4
2003	7.8	2	10.5	11.4	9.3	7.6	10.7	10.4	12.8	11.3	5.3	6.3
2004	2.7	1.1	8.6	14.3	8.5	6.2	9.8	4.8	7.6	8.2	1.5	5.5
2005	1.8	-0.5	13.9	8.3	8.8	4.9	8.7	4.7	2.3	8.6	2.9	7
2006	2.7	-3.4	14.4	4.4	9.2	4.7	6.5	4.5	0.4	5.5	2.5	7.7
2007	5.6	-3.7	14.6	5.8	11	5.4	6.1	5	1.8	5.7	3.1	7.7
2008	8.7	-0.6	16.6	8.5	12.5	6.8	8.3	9.2	5.4	5.6	7.7	8.8
2009	10.7	7	9.4	18.9	10.5	8.8	10.5	17.1	10.1	8	16.6	11.8
2010	8.4	6.6	-2.3	12.8	3.3	7.7	8.1	17.3	7.4	5.1	14.5	11.3
2011	6.4	5.7	-11.8	2.3	-3.3	6.1	4.5	14	4.9	0.8	8.3	9.2
2012	5.8	3.2	-9.5	-12.3	-6.1	4.5	2.3	9.3	2.3	-5.3	2	5.8
2013	7.3	6	-3.9	-12.1	-4.7	5	3.7	10.1	4	-4.5	5	5.4

資料來源：Eurostat

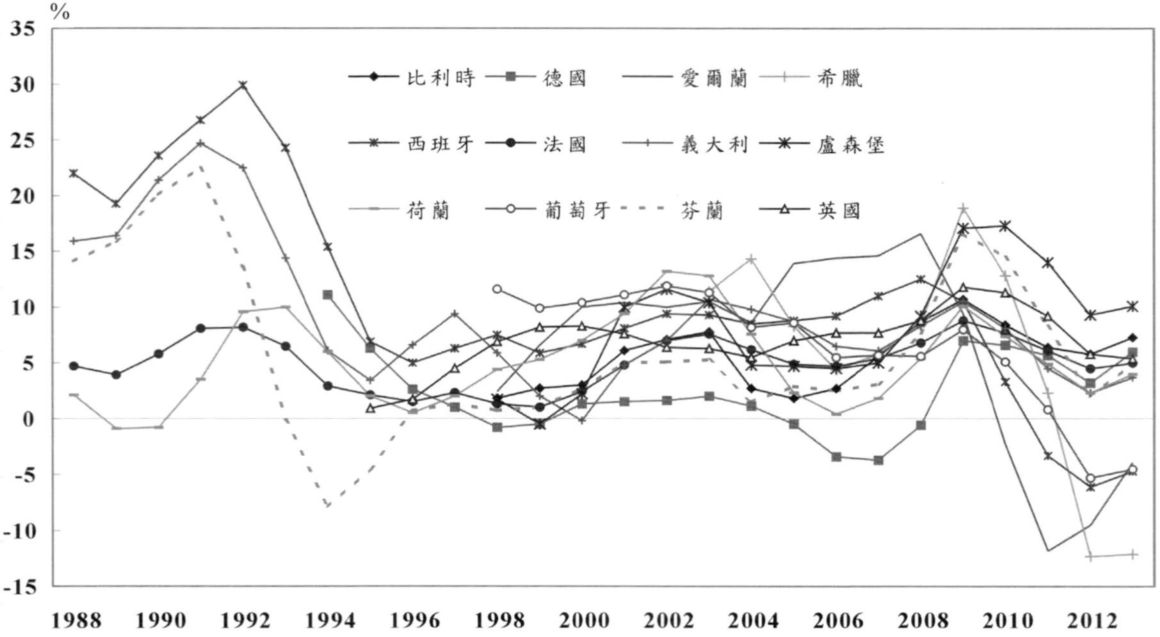

資料來源：Eurostat

圖5.7：歐盟會員國名目單位勞動成本三年平均值年成長率

然這些發展在金融危機後，發生改變且出現調整，像芬蘭與盧森堡2011年之名目單位勞動成本三年平均值年成長率，仍高於9%之門檻值，實質有效匯率（以HIPC物價指數平減）三年平均值年升值或貶值之趨勢，也出現與金融危機前相反之發展。以圖5.8所示國家而言，實質有效匯率這項指標，並未出現失衡之情況，升值或貶值超過門檻值者，主要是因為名目匯率變化所致，例如，金融危機後，英鎊實質有效匯率大貶，主要是因為英鎊名目匯率貶值所致，然而愛沙尼亞實質有效匯率升值，則是因為通膨相對於貿易夥伴高所致。

若觀察實質單位勞動成本指數（表5.6及圖5.9），發現歐盟會員國實質單位勞動成本差異頗大，與2005年相比，2009年歐元區會員國之實質單位勞動成本升至最高點，希臘、義大利、西班牙、愛爾蘭，均較德國高，顯示其實質工資成長高過生產力改善，競爭力不如德國。2009年之後，歐元區會員國之實質單位勞動成本展現差異擴大的現象，代表彼此間之競爭力存在差異愈來愈大的情況。

只比較德國與GIIPS之實質單位勞動成本指數，詳如圖5.10。實質單位勞動成本指數顯示在2009年時，出現德國與GIIPS之競爭力一度趨合的跡象，2009年之後卻又出現趨異，GIIPS之競爭力有提升之趨勢，德國之競爭力也因為實質單位勞動成本指數上升而有下跌之跡象，當然這對歐元區內部而言是一不利的發展方向，競爭力無法

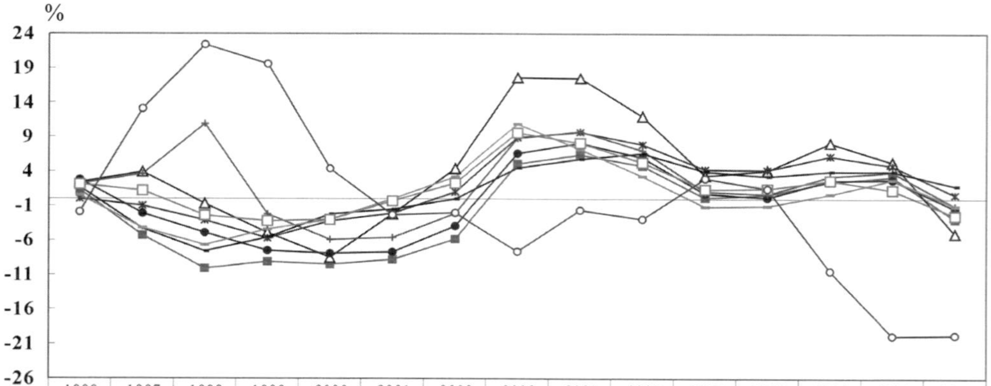

	1996	1997	1998	1999	2000	2001	2002	2003	2004	2005	2006	2007	2008	2009	2010
德國	1.3	-5.3	-10.1	-9.1	-9.5	-8.8	-5.8	5.1	6.4	4.8	0.2	0.6	2.5	3.2	-2.9
愛爾蘭	2.4	3.9	-0.7	-4.9	-8.5	-2.2	4.4	17.6	17.5	12	3.4	4.1	8.1	5.3	-5
希臘	8	5.8	-0.8	-4.1	-10.1	-5.1	-3.5	9.1	9.3	6.8	2.5	1.9	4	5	3.9
西班牙	0	-1	-3.1	-5.7	-3.2	-2.1	1	8.9	9.7	7.9	4.3	4.2	6.2	4.8	0.6
法國	2.8	-2.1	-4.9	-7.5	-7.9	-7.7	-3.9	6.6	8.1	6	0.8	0.2	2.7	2.8	-1.4
義大利	2.2	3.6	10.9	-2.2	-5.9	-5.6	-2.1	8.8	9.8	7	1.1	0.7	3.3	3.9	-1
盧森堡	1.7	-4.3	-7.6	-5.6	-2.2	-1.5	0	4.5	5.8	6.6	4	3.3	4	4	1.9
荷蘭	0.5	-4.2	-6.7	-4.4	-3	0	3.2	10.9	7.2	3.3	-1.1	-1	0.7	2.8	-1
葡萄牙	2.1	1.2	-2.4	-3.2	-3	-0.3	2.3	9.6	8.1	5.3	1.4	1.5	2.7	1.3	-2.4
英國	-1.9	13.1	22.4	19.6	4.4	-2.3	-2	-7.6	-1.6	-2.9	3	1.5	-10.4	-19.8	-19.7

資料來源：Eurostat

圖5.8：實質有效匯率（以HIPC物價指數平減）三年平均值年變動率

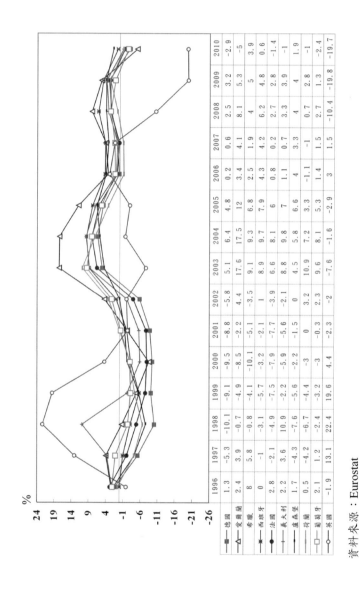

表5.6：歐盟會員國實質單位勞動成本指數（2005年為100）

	比利時	德國	愛爾蘭	希臘	西班牙	法國	義大利	盧森堡	荷蘭	葡萄牙	芬蘭	英國
1991		106.7			113.6	103.2	114.8	117.8	107.6		120.8	
1992		108.1			115.7	103.1	114.4	122.1	109.4		117.6	106.1
1993		107.8			116.6	103.1	112.3	119.0	109.7		110.0	103.3
1994		105.6			113.1	101.3	108.6	118.1	107.3		106.4	101.2
1995	104.1	105.6	115.4		108.6	101.0	104.8	104.2	105.5	98.6	103.7	99.7
1996	104.1	105.2	112.9		108.6	100.8	105.2	104.2	104.5	100.1	104.6	97.3
1997	103.4	103.6	108.2		108.3	100.0	105.4	106.0	103.1	100.1	101.5	96.8
1998	102.7	103.2	106.4		107.5	98.9	100.6	105.3	103.9	99.7	99.4	98.2
1999	103.8	103.6	102.7		106.8	99.7	100.0	100.7	103.4	98.8	99.2	98.6
2000	102.2	104.8	100.0	97.7	106.3	99.5	98.7	101.2	102.2	99.9	97.3	100.2
2001	104.4	104.1	99.3	94.5	105.2	99.9	98.7	107.7	102.1	100.2	97.9	101.5
2002	104.7	103.3	95.3	100.6	103.9	100.7	98.9	107.8	103.1	99.7	97.4	100.2
2003	103.7	103.1	95.8	98.3	102.5	100.7	99.8	103.1	103.4	100.5	98.9	100.1
2004	100.9	101.5	97.6	97.6	101.0	100.0	99.5	102.5	102.9	99.0	98.3	99.6
2005	100.0	100.0	100.0	100.0	100.0	100.0	100.0	100.0	100.0	100.0	100.0	100.0
2006	99.5	97.7	100.5	95.4	99.0	99.7	100.2	94.9	98.9	98.2	99.5	99.6
2007	99.3	95.4	103.4	95.5	99.9	98.8	99.5	93.0	98.7	96.6	97.1	99.4
2008	101.6	96.8	113.8	97.6	102.2	99.4	101.4	94.6	99.5	98.4	100.7	99.9
2009	104.2	100.9	115.8	101.8	103.4	102.1	103.3	102.6	105.1	100.6	108.0	103.9
2010	102.3	99.1	110.5	98.4	100.3	101.9	102.4	99.4	102.9	98.0	106.0	102.7
2011	102.8	99.7	108.2	93.9	97.1	102.0	102.1	98.0	102.3	96.6	103.4	102.0
2012	103.1	100.4	107.9	91.1	96.1	102.4	101.3	101.5	102.3	94.9	102.6	101.4
2013	102.3	100.3	105.7	89.5	95.2	101.8	100.4	102.1	101.8	93.4	102.1	101.2

資料來源：Eurostat

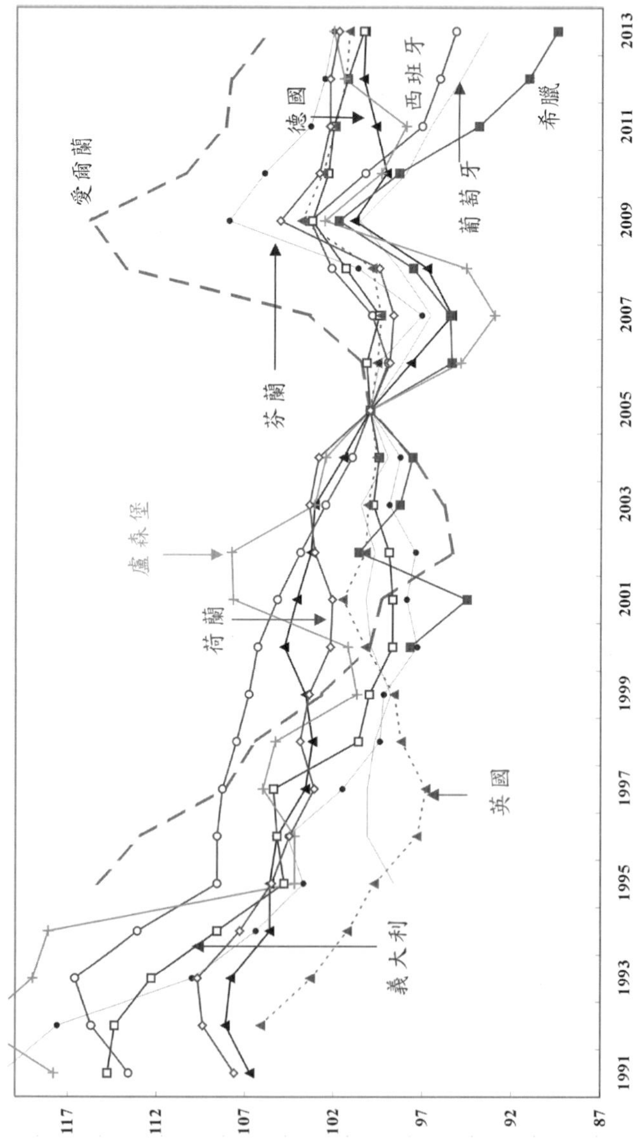

資料來源：Eurostat

圖5.9：歐盟會員國實質單位勞動成本指數

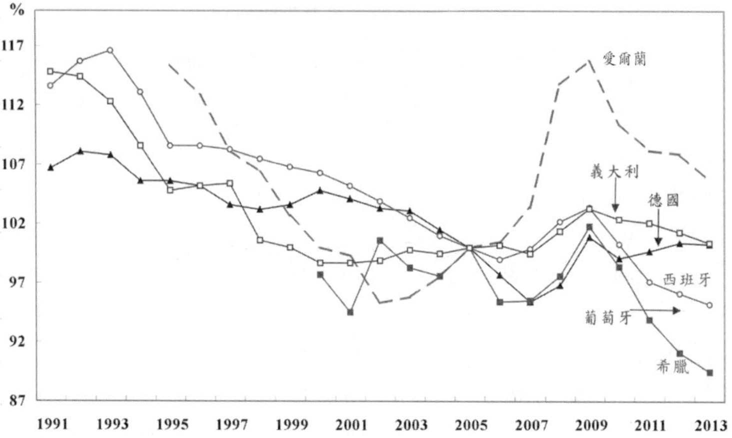

資料來源：Eurostat

圖5.10：實質單位勞動成本指數

取得平衡。

若就各國實質有效匯率觀察（表5.7及圖5.11），德國與芬蘭最低，表示在價格與成本上之競爭力最高，截至2010年止，愛爾蘭、西班牙與義大利之實質有效匯率，仍處於相對高的水準，顯示競爭力較弱。值得憂慮的是，德國實質有效匯率愈來愈低，而且是大幅度的下跌，顯示德國的競爭力將大幅度領先愛爾蘭、西班牙與義大利，這將不利於歐元區內部失衡再重新取得平衡，且可能讓歐元區的前景維繫在恐怖的平衡上，這當然不符歐元區設立之初衷。德國總理梅克爾一再拒絕共同發行歐元債券的構想，因為歐元債券的提案有違德國憲法，不但錯誤且會造成反效果，並一再呼籲歐盟國家應致力提升競爭力。

表5.7：各國實質有效匯率

	比利時	德國	愛爾蘭	希臘	西班牙	法國	義大利	盧森堡	荷蘭	葡萄牙	芬蘭	英國
1994	107	110	110	90	102	105	101	104	103	90	103	82
1995	110	117	106	95	103	109	92	109	106	97	115	79
1996	107	113	104	98	105	109	105	109	103	99	110	80
1997	101	104	105	102	101	103	106	103	99	99	104	94
1998	101	103	103	99	101	102	102	101	101	100	103	99
1999	100	100	100	100	100	100	100	100	100	100	100	100
2000	95	94	95	93	97	95	95	98	98	100	94	103
2001	97	92	100	91	99	96	96	103	102	101	96	102
2002	99	92	101	100	101	98	99	103	106	104	97	102
2003	102	96	110	103	106	103	107	106	111	109	101	98
2004	102	97	116	105	109	105	110	107	111	110	102	104
2005	102	93	121	106	110	105	110	107	109	112	103	104
2006	103	90	124	103	113	106	112	108	109	111	102	106
2007	104	89	130	104	117	107	113	108	110	111	102	108
2008	107	89	141	109	120	109	116	111	112	112	106	94
2009	109	92	134	114	119	109	117	116	115	113	111	86
2010	106	88	121	109	113	107	114	114	111	110	106	88

資料來源：Eurostat

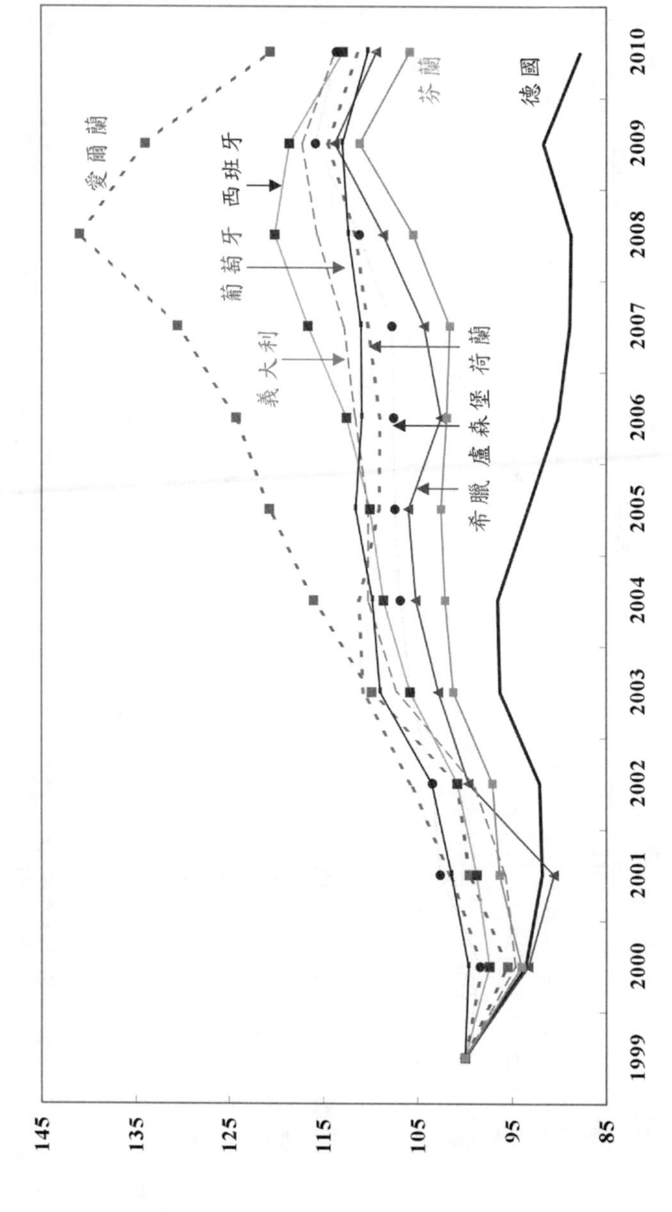

資料來源：Eurostat

圖5.11：各國實質有效匯率

伍、歐盟會員國出口占全球出口比重持續降低

計算歐盟會員國出口占全球出口比重，與五年前相比之變動率，發現變動率持續降低（表5.8及圖5.12），且大部分低於失衡門檻值-6%，歐盟整體之出口比重降低，顯示出現結構性之整體競爭力損失，也凸顯非價格競爭力之改善遲緩，尤其是愛爾蘭、希臘、西班牙與英國，出口市場比重之損失極為明顯，惟2007年以來，英鎊實質有效匯率大幅度貶值，英國出口市場比重變動率已持穩而不再降低。

ECB寬鬆的貨幣政策盡管有時被批評為治標不治本，但卻有助於結構性調整，ECB寬鬆的貨幣政策將造成歐元貶值，有助於提振歐元區的出口，國際貨幣基金（International Monetary Fund, IMF）首席經濟學家布蘭查德（Oliver Blanchard）認為，歐債危機是全球經濟面臨的最大威脅，而不是最大威脅之一，所以歐元區以歐元貶值自救，符合世界其他地區的利益，正常情況下，歐元貶值10%會給歐元區GDP帶來1.4%的一次性提振。儘管歐元對英鎊匯率已處於四年來最弱價位，然而愛爾蘭的出口還是不振，英國是愛爾蘭的最大貿易夥伴。歐洲是美國的主要出口市場，歐洲景氣衰退會減少對美國貨物的需求，傷害美國出口，歐元貶值會使美國貨物變貴，擴大此

表5.8：歐盟會員國出口占全球出口比重，與五年前相比之變動率

單位：%

	比利時	德國	愛爾蘭	希臘	西班牙	法國	義大利	盧森堡	荷蘭	奧地利	葡萄牙	芬蘭	英國
1999		-5.1	67.8	30.5	15.3	-6.6	-11.8		0.8	-13.5	1	3.1	5.2
2000		-15.9	52.3	53.3	1.1	-16.2	-20.6	19.4	-15.3	-14.1	-15.5	-10.3	1
2001		-5.3	64	72.5	2.7	-10.5	-18.5	26	-8.1	-3.8	-6.5	-4.9	-2.4
2002		4.2	60	55	6.9	-7.8	-14.2	26.7	-3.8	6.6	1.4	-0.6	-6.6
2003		2.4	26.6	51	5.8	-13.1	-13.4	17.2	-2.3	2.6	-2.6	-6.4	-11.2
2004		5.8	12.6	21.6	2.5	-12.3	-7.4	16.4	-2.4	5.2	-2.7	-1.9	-12.1
2005		11.3	5.9	6.3	5.5	-9.5	-5.2	17.4	1.7	12.7	-3.7	-6.1	-10.7
2006		3.6	-12.5	-4.8	-3.2	-16	-12.5	19.6	-4.4	1.3	-5.4	-7	-11
2007	-10.4	2	-15.7	3.8	-3.2	-18	-9.3	28.2	-2.7	0.7	-5.5	-5.1	-18.6
2008	-14.1	-5.3	-21.2	1.1	-13.6	-21.5	-16.3	15.6	-9.4	-5.6	-13.3	-5.6	-24.2
2009	-12	-4.6	-5.6	-13.9	-7.1	-17.2	-17.9	11.1	-5.8	-8.4	-9.3	-14.8	-21.1
2010	-14.5	-7.2	-12.8	-20	-10.6	-19.4	-19.1	3.2	-8.1	-14.8	-8.6	-20.1	-23.1

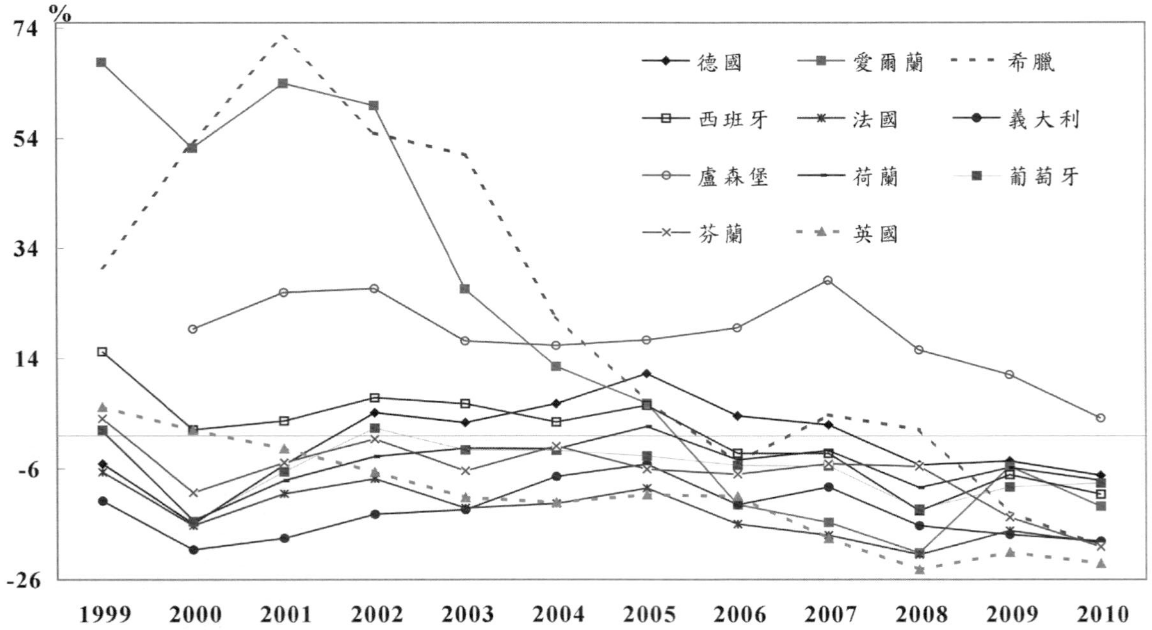

資料來源：Eurostat

圖5.12：歐盟會員國出口占全球出口比重，與五年前相比之變動率

一負面效果。

陸、「民間負債存量/GDP」比率，高過失衡門檻值160%

民間部門（包括家庭、非金融機構、非營利機構）之淨負債存量，包括證券與放款，金融危機前之信用擴張讓民間累積不少債務，此反映金融市場整合與深化，及名目利率之趨合，資產價格上漲也讓信用成長快速，大部分歐盟會員國之「民間負債/GDP」比率，高過失衡門檻值160%（表5.9及圖5.13），愛爾蘭、芬蘭、英國、法國、荷蘭、盧森堡、葡萄牙均高過160%，只有希臘、義大利、德國低於160%，希臘、義大利只有125%左右，德國為128%，「民間負債/GDP」比率過高，讓民間部門曝險於景氣循環、通膨與利率之變動，由於負債太高，表示槓桿（＝負債/資本）操

表5.9：歐盟會員國之「民間負債/GDP」比率

單位：%

	比利時	德國	愛爾蘭	希臘	西班牙	法國	義大利	盧森堡	荷蘭	葡萄牙	芬蘭	英國
1989					82.5							
1990					83.3				132.6			133.4
1991					85.5				134.7			133.9
1992					86				139.7			134.5
1993					86.5				142			132.4
1994	118.1				82.1				146.2			127.6
1995	117.4	113		37.4	77.1	105.5	71.5		145.3	83.4	108	128.3
1996	122.1	117.8		38.2	77.6	104.2	69.2		151	88	106	123.9
1997	133.2	120.4		39.3	81.1	105	68.9		155.1	136.9	107	125.9
1998	141.5	124.2		43.2	87.6	103.9	69.6		165	148.7	99.9	132.6
1999	152.7	127.7		49.6	97.2	110.5	74.9		178.7	159.4	118	140
2000	168.2	131.5		58.2	122.3	117.2	79.5		189.5	170.7	129	148.1
2001	179.3	133.1	149.4	65	132.5	123.7	84		191	184	125	157
2002	180.3	136	160.1	68.3	139.5	124.1	86.7		195	187.9	127	166.4
2003	193.8	135.6	153.5	72	147.8	123.7	90.8		202.6	192.6	134	172.6
2004	188.1	131.2	170.9	78.6	159.9	126.9	94.5		204.5	193.1	137	182.5
2005	184.9	128.4	192.3	90.2	176.6	131.6	101		210.5	200.4	142	195.7
2006	193.1	124.4	205.3	98	200.4	136.8	107.5	258.7	212.6	209.4	147	207
2007	203.3	122.4	215.3	108	215.1	142.5	114.9	395.8	210.9	223.1	151	206.6
2008	217.4	123.7	284	119	221.1	149.9	119.3	353.6	211	240.4	169	222.3
2009	228.8	130.6	336.1	123	227.2	156.8	125.6	317.8	226.1	252.5	178	223.3
2010	232.7	128.2	341.3	125	227.3	159.8	126.4	253.9	223.4	250.2	178	209.4
2011	241.9			125						249.1		207.1

資料來源：Eurostat

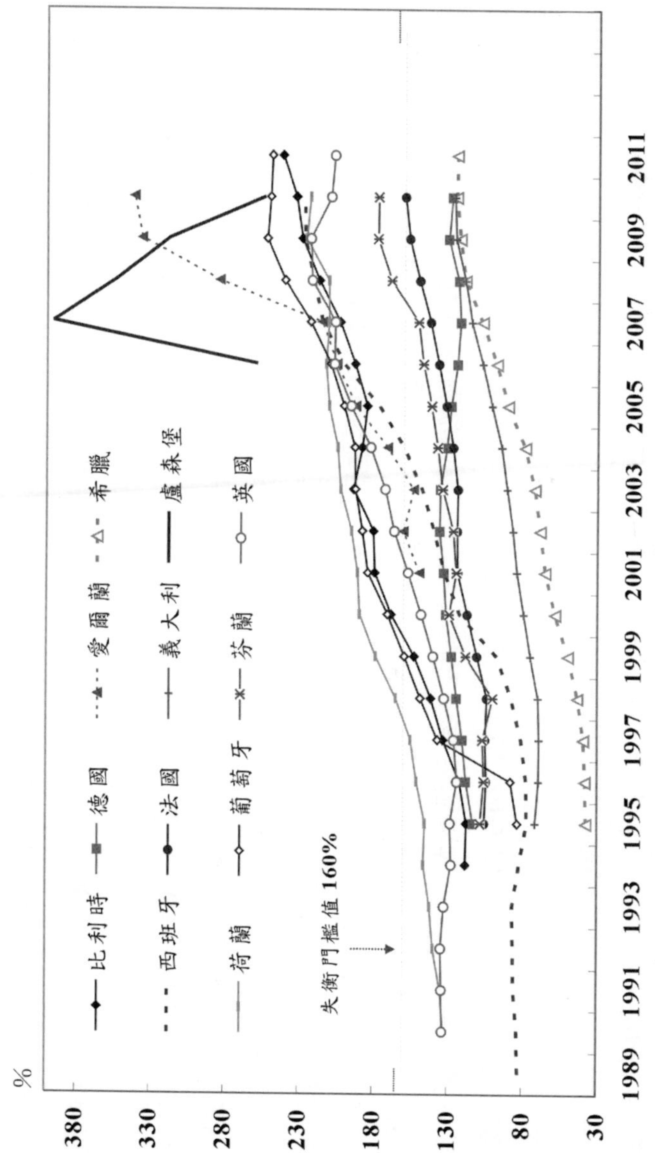

資料來源：Eurostat

圖5.13：歐盟會員國之「民間負債/GDP」比率

作太高，將來勢需減債，也就是實施去槓桿化，一旦實施去槓桿化時，將危及成長與金融穩定，像日本衰退二十年，就是因為企業與民間不再舉債，銀行也不願再放款所致。

其實歐洲對美國最大的威脅是信用市場，2008年Lehman Brothers破產導致放款市場急凍，如果歐洲崩盤，將會引起同樣的急凍效果，嚴重影響公司借款、雇用員工擴充業務的能力，這將足以讓美國經濟陷入衰退，截至2012年6月底，美國公司持有現金總數為2兆美元，也許足以應付另一次信用急凍，不過抱著現金不投資，這也是公司獲利增加卻不見就業成長的原因，歐洲危機意謂此種情況短期恐難改善。雖然大陸銀行業與歐洲銀行業之交易規模並不大，對歐洲銀行業之影響也不大，然而一葉知秋，大陸大型銀行確已逐漸降低與歐洲銀行之衍生性商品交易規模，例如，減少信用違約交換（CDS）交易，並暫停與法國巴黎銀行（BNP Paribus）及瑞士聯合銀行（UBS）進行外匯衍生性商品交易。

金融危機顯示，政府負債水準很重要，而民間部門負債水準與政府負債水準之關係緊密，民間部門去槓桿化（也就是減債）會影響消費與經濟成長，主權債務危機恐進一步擴大；因此，民間與政府部門負債水準需一併考慮檢視，尤其像比利時與英國，民間與政府部門負債水準均很高。包括德國在內的每一個國家，「政府負債

/GDP」比率均高過失衡指標門檻值160%。

Sell and Sauer（2011）分析國內負債占GDP比重（2010年底資料）發現，一般而言，GLNF（德、盧、荷、芬）國內負債占GDP比重雖較GIPS（希、愛、葡、西）低，但比重介於GLNF與GIPS之間者，還有許多其他國家，顯示債務水準不是應考慮的重點，雖然它會影響公債利差，因而影響一國融資的選擇餘地，例如，支付經常帳赤字的可能性，但經常帳赤字需由資本帳剩餘或淨資金流入所融通，像美國一樣，只是國際收支理論的機制，像歐元區這樣的貨幣聯盟體系，不要忘了還有支付系統TARGET2扮演融資的特殊管道，這是德國經濟學家Sinn一貫主張的論點。

尤有甚者，這也是為什麼將歐元區國家分為GLNF與GIPS兩群體是以TARGET2餘額為分類基礎，而非以國際收支或以負債比重為分類基礎。GIPS之TARGET2部位為負債，GLNF之TARGET2部位為資產，而德國是TARGET2系統的最大債權人，也顯示德國資金過剩，並不需向ECB再融通資金，反而有餘力透過TARGET2將多餘資金提供別的國家。

McArdle（2012）指出，次貸危機爆發後，2008～9年，資金自愛爾蘭與法國急速撤離，信評調降又引發一波資金撤離，2008～10年間，自愛爾蘭撤離資金幾乎有2/3是流入德國，此顯示經常帳赤字之資金移動相當少，危機後來擴散到義大利與法國，又引發另一波資金約2,000億歐元流向德國，總計2011年間，從西班牙與義大利流出的資金，約90%是流入德國，當然美國亦自歐盟許多國家包括德國在內撤離資金，其中很重要一部分是美國貨幣市場共同基金的撤資。

柒、房價漲至歷史新高

約從1998年開始至金融危機發生時，房價上漲與家庭負債高度相關，主要是因為家庭舉債購屋所致，歐盟之房價循環尤其顯著，大部分房價高點出現在2007年及2008年（圖5.14），我們可以發現德國的房價非常穩定，愛爾蘭則在2007年起跌得很慘，西班牙也是在2007年起開始下跌，荷蘭則在2008年起開始下跌，另外有三個國家則從2009年起逆勢上漲，那就是芬蘭、比利時與法國。高房價伴隨而來的是高的住宅投資。

在金融危機發生前的十年期間，實質房價累積平均漲幅超過40%，質房價累積平均漲幅只要超過6%以上，就被界定為失衡（圖5.15），有些會員國漲幅超過20%至

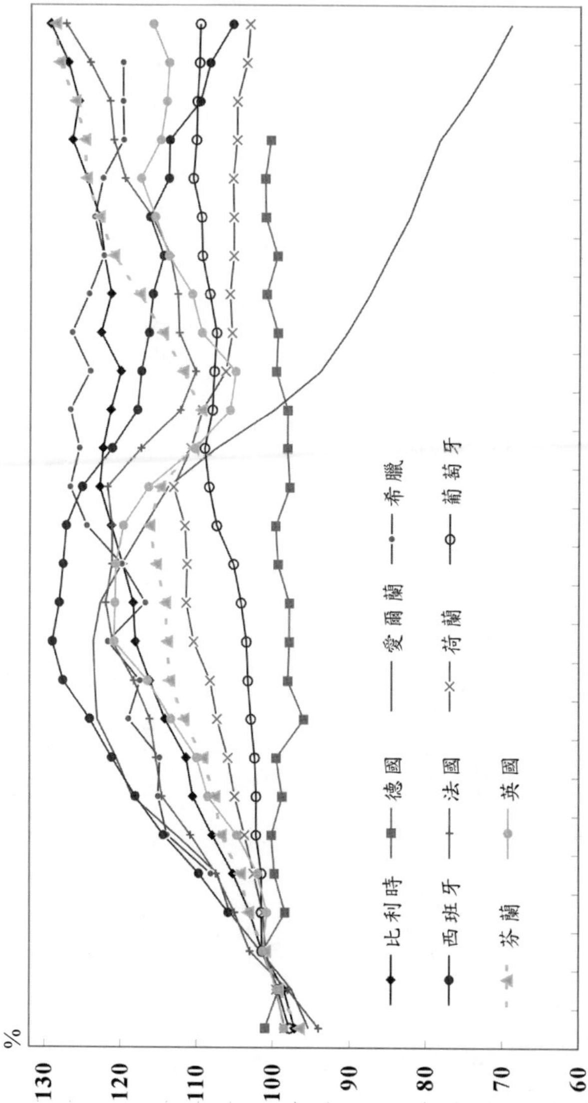

資料來源：Eurostat

圖5.14：歐盟會員國之實質房價指數

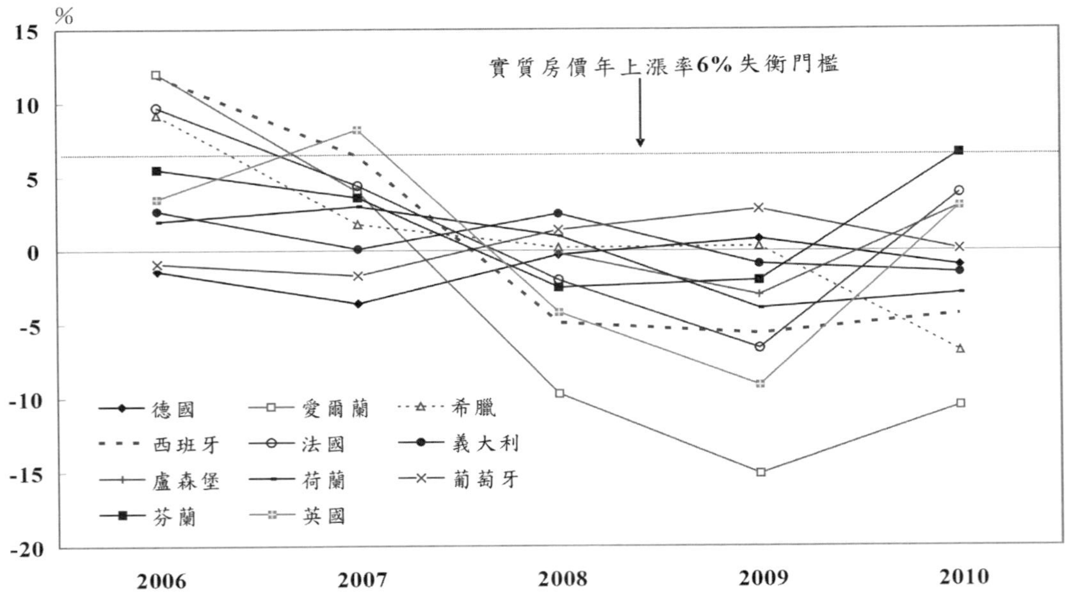

資料來源：Eurostat

圖5.15：歐盟會員國之實質房價上漲率

35%以上。不過大部分歐盟會員國已進行失衡調整，除了芬蘭外，目前實質房價增幅已低於6%，盱衡未來經濟前景與信用情況，可能不利於房價進一步上漲。

捌、已進行去槓桿化，「民間部門信用流量／GDP」比率已降低

負債比率太高就要減債，不管是政府債務、民間債務或銀行負債都一樣，減債的行為就是去槓桿化（deleverage），由於銀行的信用供給減少，去槓桿化已開始進行，2009年以來，民間部門（包括家庭、非金融機構、非營利機構）之信用（或負債）流量占GDP比率已降低（表5.10及圖5.16），表5.10及圖5.16顯示，除比利時外，民間部門信用流量占GDP比率已降低至失衡門檻值15%以下。信用成長降低，表示舉債情況減緩，加上淨儲蓄增加，表示消費減少，此種情況並不利於GDP成長，實證資

表5.10：歐元區之「民間負債流量/GDP」比率

單位：%

	比利時	德國	愛爾蘭	希臘	西班牙	法國	義大利	盧森堡	荷蘭	葡萄牙	芬蘭
1990					9.4				7.4		
1991					9.2				8.9		
1992					6.7				9		
1993					2.7				6.5		
1994	2.6				2.3				7.3		
1995	4.8	1.3		1.6	3.8	2.31	4.6		5.2	9.1	-4.5
1996	7.1	6.8		5.5	5.2	2.4	2.4		12.7	10.1	-0.7
1997	6.9	5.4		3.5	8	3.2	2.8		13.9	15.1	-0.5
1998	8	7.2		7.1	12.3	2.7	4.1		18.2	19.6	4.4
1999	6.5	8.3		9.1	15.2	8	8.4		22.2	18.6	9.6
2000	8	6.5		11.2	17.3	9.8	9		23.6	20.6	12.3
2001	2.1	3.8		10.9	15.2	8.5	8.5		13.7	18.9	4.3
2002	5.2	0.6	28.5	7.6	15.4	3.3	6.3		12.2	11	10.7
2003	4.4	0.6	4	10.6	17.9	3.3	7.1		10.3	10.9	6.6
2004	5.3	-1.8	22.4	11.9	20.1	4.5	7.7		7.2	8.5	7
2005	1.7	-0.5	23.8	15	27.7	8.2	9.9		15	13.8	13
2006	4.1	1.3	33.4	16.9	35.9	8.4	10.7	19.6	12.4	14.6	8.9
2007	14.2	1.8	22.1	17	26.8	10.4	12.4	145.8	9.3	20.5	13.5
2008	22.1	1	34	16.5	12.4	7.8	6.8	-16.6	7.5	17.4	17.2
2009	0.5	-1.3	-1.9	3.9	-1.4	-0.3	1.8	-81.6	6	5.4	1.4
2010	2.8	-0.1	-9.7	0.9	0.7	1.6	4.1	-48.4	-0.1	4.2	6.9
2011	15.8			-5.5						-2.8	

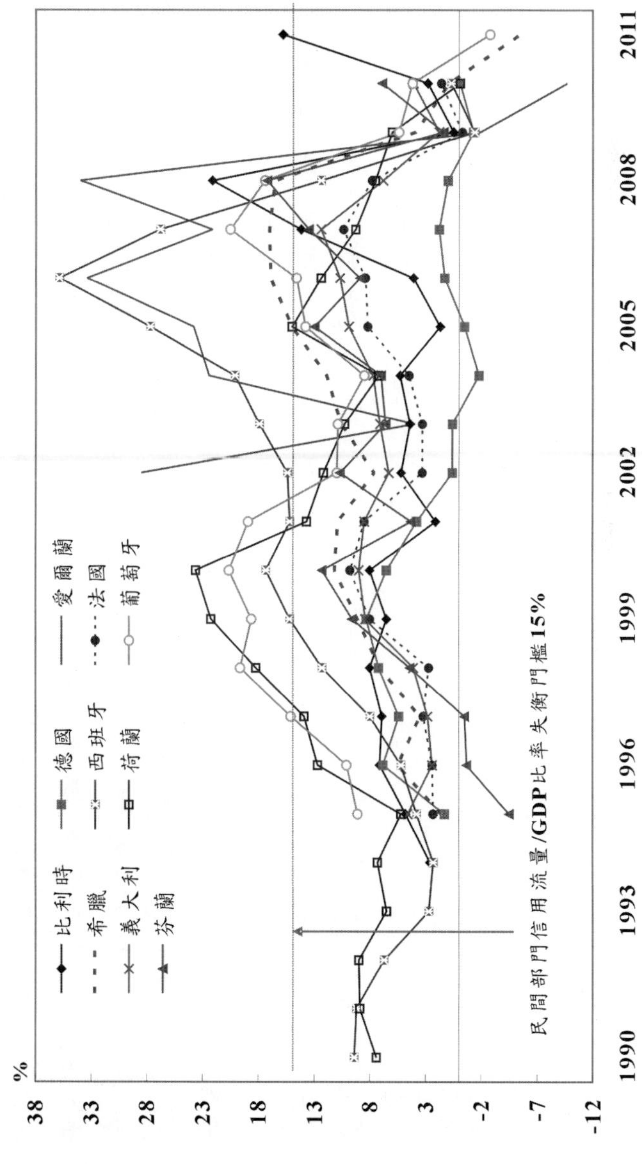

資料來源：Eurostat

圖5.16：歐元區之「民間負債流量/GDP」比率已降低

料顯示，金融危機引起民間部門的資產負債表調整，時間可能長達五年以上，日本的慘痛經驗足為殷鑑，日本在1990年開始股價與房價泡沫破滅，結果各行各業開始去槓桿化，也減少向銀行借錢，結果導致日本失落了二十年（two lost decades），至今經濟仍然爬不起來。去槓桿化有時有必要，但應適可而止，國際貨幣基金（IMF）就提出警告，歐元區的去槓桿化將影響全球經濟，歐債危機的前景不明，歐債危機仍然是全球經濟的最大隱憂。因此，淨出口與生產力發展，對經濟成長很重要。

外部失衡之調整與家庭及企業部門資產負債表之調整（亦即它們進行去槓桿化的行動）很痛苦，其調整過程，受國內需求及失業之影響很大，此反映工資與物價調整有限，及部門間資源重新分配之持續進行。

玖、勞動市場日益趨異

西班牙年輕人的失業率已飆破40%，德國的失業水準卻是處於歷史新低，年輕人的失業率不到10%，原因就在於德國實施雙軌教育制度及嚴格管制就業市場。一般而言，嚴格管制勞動市場會造成年輕人就業不易，然而德國對就業市場嚴格管制，卻沒有這個問題，原因就在於德國的雙軌教育制度（dual education system），這種「邊工作、邊唸書」的教育制度，讓年輕人踏出校門後，能儘早找到工作，而企業也能藉由這項制度，培養基礎人才，也使得德國年輕人的失業率低於若干就業市場管制更加寬鬆的國家；另外，德國的學徒制度（apprenticeships）與職訓體系涵蓋了多個行業，有助於降低德國年輕人的失業率，德國放寬勞動市場的規定與加強職訓，是值得仿傚之處。另外，德國就業市場的嚴格管制，對雇主解雇勞工施以嚴格的管制，使得雙軌教育制度與就業市場的嚴格管制，兩者有如魚幫水、水幫魚的關係。德國在就業市場的成就無法全盤移植其他歐洲國家，也使得歐洲的勞動市場日益趨異。

然而德國勞動市場也不是完全沒有隱憂，德國目前相當缺乏電機、機械、製造、物流、保健及貿易等領域的技術勞工，德國也實施歐盟藍卡（EU blue card）計畫，吸引技術人才移民德國，歐債危機雖然導致西班牙、希臘、葡萄牙等國家失業嚴重，然而這些失業者到德國尋找工作機會的並不多，反而它們卻跑到其他國家尋找就業機會，葡萄牙失業者跑到澳門。

以歐盟判定就業市場是否失衡的指標——三年平均失業率來看，2011年時德國為6.9%，只比盧森堡、荷蘭、奧地利高，較其他國家均還低（表5.11）。

表5.11：歐盟會員國三年平均失業率的比較

單位：%

	比利時	德國	愛爾蘭	希臘	西班牙	法國	義大利	盧森堡	荷蘭	奧地利	葡萄牙	芬蘭	英國
1996	9.7	8.5	12.7	9.2	20.2	10.9	11	3	6.6	4	7.1	15.5	8.6
1997	9.5	9	11.2	9.5	19	10.9	11.2	2.8	6.3	4.2	7.1	14.2	7.7
1998	9.4	9.4	9.6	10.2	17.6	10.9	11.2	2.8	5.4	4.4	6.5	12.9	6.9
1999	9	9.2	7.6	11	15.6	10.8	11.1	2.6	4.4	4.3	5.8	11.4	6.3
2000	8.2	8.7	5.7	11.4	13.6	10	10.7	2.4	3.6	4	5	10.4	5.8
2001	7.3	8.2	4.6	11.3	11.8	9.2	10	2.2	3	3.7	4.7	9.7	5.4
2002	7	8.2	4.2	10.7	11.2	8.5	9.2	2.2	2.9	3.8	4.9	9.3	5.2
2003	7.4	8.8	4.3	10.2	11.1	8.5	8.6	2.8	3.3	4	5.8	9.1	5
2004	8	9.7	4.5	10.2	11.2	8.8	8.3	3.8	4.1	4.5	6.8	9	4.9
2005	8.3	10.5	4.5	10	10.5	9.1	8.1	4.5	4.8	4.8	7.7	8.7	4.8
2006	8.4	10.7	4.4	9.8	9.5	9.3	7.5	4.7	4.9	5	8.2	8.3	5
2007	8.1	10.1	4.5	9	8.6	9	6.9	4.5	4.4	4.8	8.7	7.6	5.2
2008	7.6	8.8	5.1	8.3	9.4	8.5	6.5	4.6	3.7	4.3	8.7	7	5.4
2009	7.5	8	7.6	8.5	12.6	8.6	6.9	4.7	3.5	4.3	9.3	7.2	6.2
2010	7.7	7.5	10.6	9.9	16.5	9	7.6	4.9	3.8	4.3	10.4	7.7	7
2011	7.8	6.9	13.3	-	19.9	9.7	8.2	4.8	4.2	4.4	11.8	8.1	-

資料來源：Eurostat

附註

1. GIPS（Greece, Ireland, Portugal, Spain）：希臘、愛爾蘭、葡萄牙、西班牙；GLNF（Germany, Luxembourg, Netherlands, Finland）：德國、盧森堡、荷蘭、芬蘭。

第六章

歐債危機的紓困與曝險分析

TARGET2為第二代泛歐自動即時總額清算快速轉帳系統（Trans-European Automated Real-time Gross settlement Express Transfer），於2007年11月19日開始營運，是由歐元體系（Eurosystem）所擁有與營運的單一平台的即時總額清算系統，主要是由德、法、義三國央行以歐元體系名義代表營運。所謂歐元體系係包括歐洲中央銀行（ECB）及歐元區十七個會員國之央行（NCBs）。每筆支付金額沒有上限或下限之限制，主要是針對貨幣政策操作與貨幣市場操作之款項清算，TARGET2使用於歐元體系所有支付款項、所有大額之淨額清算系統之操作清算及歐元之證券清算系統，歐盟中未加入歐元區之國家亦可參與TARGET2，例如，丹麥、保加利亞、波蘭、立陶宛、拉脫維亞、羅馬尼亞等，目前共有二十四家央行（包括ECB）參與其中。

透過TARGET2提供歐債危機之信用融資，是為人所忽略的紓困措施，TARGET2信用是ECB提供給遭遇危機國家之銀行之再融資信用，此種信用已超過該國正常流動性供給，且可用於向其他歐元國家購買商品與資產之融資；因此，TARGET2負債會等於國際收支赤字。此一觀點與Higgins and Klitgaard（2012）之論點相同，根據Higgins and Klitgaard（2012）一文所描述，TARGET2與經常帳赤字、私人資金流出之關係為：經常帳赤字=TARGET2負債+紓困資金+淨私人資金流入。因此，簡單作個算術移項，就可知：經常帳赤字－淨私人資金流入＝TARGET2負債+紓困資金，亦即，經常帳赤字+淨私人資金流出=國際收支赤字 = TARGET2負債+紓困資金，若無獲得紓困資金，則國際收支赤字 = TARGET2負債。以希臘為例，希臘的經常帳赤字加上淨私人資金流出的金額，需要靠希臘在TARGET2的帳戶負債加上紓困資金來融通，因此，歐元區支付系統TARGET2在歐債危機中扮演極為吃重的角色，德國、盧森堡、荷蘭與芬蘭（GLNF）透過TARGET2提供資金給南歐諸國（GIIPS），有人認為這也算是一種變相的紓困。

壹、總潛在曝險及德國潛在曝險之分析及計算

圖6.1為歐洲紓困資金之曝險分析，左邊直條圖為已撥款之潛在曝險，計12,380億歐元，這些曝險金額主要為已撥款及已提供堅實擔保品之紓困資金，一旦接受紓困者

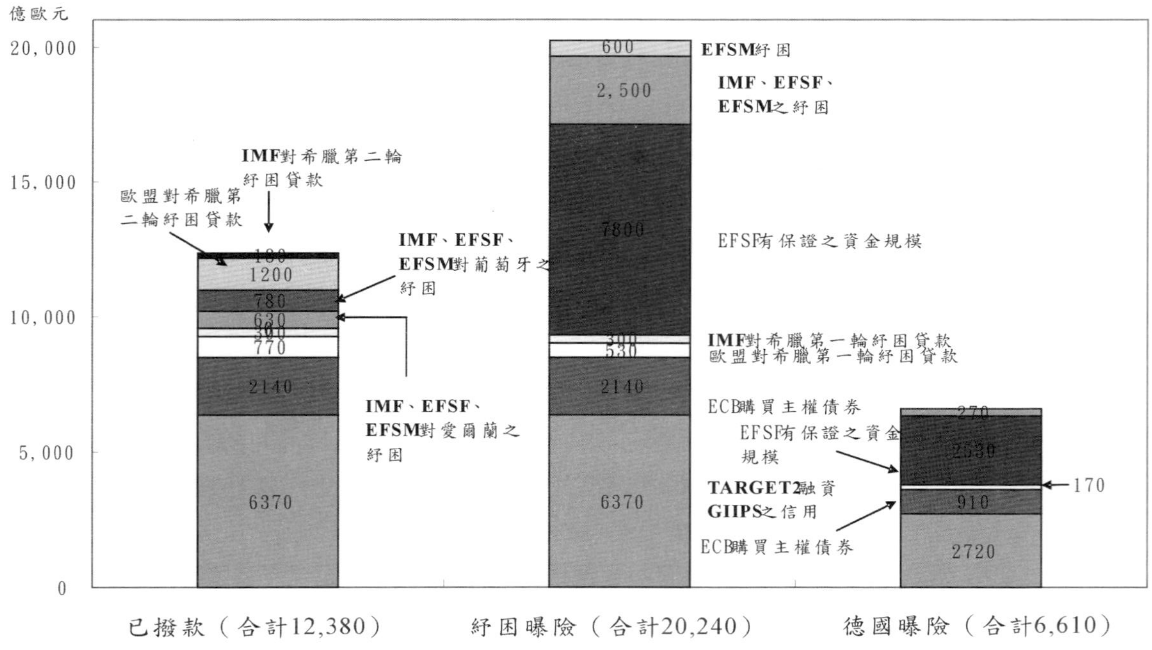

資料來源：Haftungspegel(2012)

圖6.1：歐洲紓困資金

表6.1：歐洲紓困資金分析表

單位：億歐元

	已撥款及已提供堅實擔保品之紓困資金	紓困方案潛在總資金曝險	GIIPS違約時德國之曝險
TARGET2融資GIIPS之信用	6,370	6,370	2,720（＝6,370×43%）
ECB購買主權債券	2,140	2,140	910（＝2,140×43%）
希臘第一輪紓困貸款	770（歐盟） 300（IMF）	530（歐盟） 300（IMF）	170
EFSF有保證之資金規模		7,800	2,530
IMF、EFSF、EFSM之紓困方案	630（愛爾蘭） 780（葡萄牙）	2,500	270
希臘第二輪紓困貸款	1,200（歐盟）180（IMF）	600（EFSM紓困）	
合計	12,380億歐元	20,240億歐元	6,610億歐元

註：整理自圖6.1。

違約，這些資金均需轉為呆帳；中間直條圖為總潛在曝險，計20,240億歐元，包括保證與來自紓困措施所提供之信用（含IMF資金、EFSF、ECB購買主權債券資金及TARGET2融資GIIPS（希臘、愛爾蘭、義大利、葡萄牙、西班牙）之信用；右邊直條圖為假設GIIPS違約時，德國之曝險，計6,610億歐元，歐洲紓困資金之詳細內容見表6.1。早在爭論是否要紓困危機之前，TARGET2信用融資就已在進行，義大利與西班牙之TARGET2餘額可從其央行之統計資料得知，德國曝險是按德國占ECB資本比重計算而得，在十七個歐元區國家中，德國占ECB資本比重為27%，惟此處假設GIIPS違約，所以只由十二個歐元區國家承擔TARGET2信用融資之損失，此時估計德國需承擔43%之損失[1]。ECB在2010年5月開始購買歐元區主權債券，ECB每週公佈購買金額，一旦這些公債違約，德國所需承擔之損失按德國占ECB資本比重27%來計算，並假設GIIPS不需一起承擔損失時，此時德國亦同樣需承擔43%之損失[2]。

貳、紓困內容及時程

希臘第一輪紓困貸款早於2010年5月就已達成協議，這是歐元區國家與IMF努力的結果，800億歐元來自歐元區國家，300億歐元來自IMF。歐元區國家之紓困行動，斯洛伐克（Slovakia）從一開始就反對，愛爾蘭與葡萄牙也分別在第三次及第五次付款時停止付款，所以歐元區國家第一輪實際紓困希臘之貸款金額只有773億歐元，其中德國貢獻了223億歐元，截至2011年底，實際支付希臘金額為529億歐元（其中德國所付金額為152億歐元），希臘第二輪紓困貸款244億歐元不予撥款，而保留至EFSF。

2010年5月，歐元區國家決議成立中期紓困基金，2010年5月成立金融穩定機制（European Financial Stabilisation Mechanism, EFSM），2010年6月成立歐洲金融穩定機構（European Financial Stability Facility, EFSF），並得到IMF之資金援助，以提供財務困頓國家之融資資金。2011年10月，EFSF歐元區國家保證之資金規模從4,400億歐元提高至7,800億歐元，其中，德國承擔的份額為27.064%，擔保金額由原來的1,230億歐元，提高到2,110億歐元，依德國穩定機制法（Law of stabilization mechanism）規定，擔保金額上限為2,532億歐元。EFSM金額600億歐元由歐盟預算提供，與德國占歐盟預算之比重20%一樣，德國所占比重亦為20%。至於德國在IMF援助行動中所占比重，則按德國在IMF資本比重6%來計算。

圖6.1左邊直條圖為已撥款及已提供堅實擔保品之紓困資金總潛在曝險，2010年11月，愛爾蘭是第一個申請援助的國家，備援總額高達850億歐元，資金主要來自EFSM,EFSF及IMF的627億歐元，其餘來自愛爾蘭175億歐元，英國38億歐元，瑞典6億歐元，及丹麥的4億歐元。2011年4月，葡萄牙亦申請歐盟與IMF的紓困金援，最

後達成三年總額780億歐元的紓困協議。

2011年7月，希臘的第二輪紓困達成協議，但於2011年10月之歐盟高峰會時調整原協議內容，2012年2月確認，1,300億歐元將於2014年底時撥款，歐元國家終於2012年3月14日同意於2014年底前撥交第二輪紓困資金1,447億歐元（內含第一輪尚未撥交之紓困資金244億歐元），隔日IMF亦終於發布，2016年第一季前，將金援希臘共280億歐元（內含第一輪尚未撥交之紓困資金100億歐元），所以總共1,383億歐元（其中，1,203億歐元來自歐元國家，180億歐元來自IMF）的金援，1,383億歐元較1,300億歐元多出的82.5億歐元，是IMF於2016年才要撥付。

參、西班牙接受歐盟紓困之理由不同於希臘、愛爾蘭與葡萄牙之案例

西班牙因房市泡沫破滅拖累銀行，2012年6月歐盟同意紓困1,000億歐元，成為第四個接受紓困之歐元區國家，但歐盟允諾之1,000億歐元援助，將不同於之前希臘、愛爾蘭與葡萄牙案例，理由如下述。

一、紓困對象爲銀行

本次援助西班牙之目標不同於希臘，是因為希臘過度支出而接受援助，西班牙是歐元區國家中政府負債佔GDP比率最低國家之一。西班牙之問題根源與愛爾蘭、美國之情況較為接近，都是其銀行業者出現問題。西班牙之地區儲蓄銀行，即所謂CAJAS（即西語中的儲蓄銀行），在之前房地產飆漲時涉入過深，當房價反轉向下時，該國銀行業也被嚴重拖累。相較而言，愛爾蘭與美國房地產泡沫破裂速度較快，西班牙則

是遲至近期，才在經濟嚴重快速萎縮下，其房地產價格終於開始加速下跌（目前速度接近2008年後美國房價下跌速度）。此時西班牙經濟狀況不佳，對銀行而言，補強銀行資本所付出之資金代價將相當沉重。

西班牙第四大銀行Bankia，是由之前七家問題重重地區儲蓄銀行合併而來，由於該行無法自行由資本市場籌資，已經由西班牙政府部分國有化。但隨著銀行在房貸市場上之損失日益明朗化，西班牙政府瞭解到，接下來還會有其他銀行需要政府之援助。可是由於歐債危機之衝擊，西班牙政府舉債成本高漲，因此尋求歐元區對該國金融業之援助，將可協助西班牙銀行業者早日重回正軌。

二、紓困之資金來源爲EFSF或ESM

過往歐元區紓困案例是由4,400億歐元之EFSF參與。但EFSF之救援形式是全面性紓困（full-scale bailout）。但此次在歐盟施壓下，德國方面做出讓步，讓EFSF可以針對西班牙個別行業進行紓困，以協助該國進行銀行重整。儘管EFSF之貸款仍會通過西班牙政府後，再進行協助銀行業之行動。因希臘、愛爾蘭與葡萄牙每季均要接受三個主要金援單位IMF、歐盟執委會與ECB三方代表（troika）之查核與監督，這在受援國家內是具備「干涉主權」之高度爭議性政治議題，這也是西班牙極力規避之狀況。因此只針對銀行業之紓困，似可替西班牙找到解套之巧門。IMF將不會像之前歐元區紓困案例般介入，因為IMF之規章限制其不能對特定行業進行紓困。而EFSF或是於2012年7月上路之5,000億歐元之ESM將扮演要角。但由EFSF或是ESM出面救援將衍生一個新的爭議點。因EFSF出面救援時，EFSF被視為一般之債權人，而無法獲得這些受援銀行在償債時之任何優先權利；然而若由ESM協助重整時，出資成立ESM（與EFSF）之歐元區各國政府將獲得特權，取得優先被償債權利，也因此荷蘭與芬蘭等國政府希望由ESM出面。然而未來ESM若擔任此一紓困重責，勢必引起受援銀行之私部門債權人反彈。

外界認為，西班牙能爭取到此次較優惠條件之紓困，原因在於西班牙已經盡全力滿足歐元區之前有關緊縮之要求，例如之前在2012年預算中再砍270億歐元支出與加稅等。且西班牙政府承諾在2013年度作出更大幅度之預算刪減，以期在2013年就達成歐元區要求之預算赤字佔GDP於3%以下之要求。

三、歐盟將可對受援助銀行實地查核

此次紓困未來會對西班牙要求其他附加條件，因為西班牙政府將達成歐元區預算與債務規範視為優先推動目標，因此外界認為歐元區將會對西班牙之銀行重整過程附加額外條件。歐盟將可對受援助銀行實地查核，並獲准僱用外部第三者協助查核。因為考量到地區儲蓄銀行與地方政治之裙帶關係糾葛已久，歐盟官員曾表達對西班牙銀行重整過程之憂慮。

四、紓困內容解析

GIIPS累積TARGET2負債餘額是GIIPS對ECB的負債，也算是一種資金來源，有人認為是一種變相的紓困，2008年起，GIIPS的TARGET2負債餘額穩定增加，2011年7月起，義大利之TARGET2餘額由正轉負，義大利亦成為TARGET2負債國，2010年5月起，ECB在次級市場所購買歐元區危機受難國之公債帳上金額亦持續增加。TARGET2負債餘額加上ECB在次級市場購買公債之金額，是ECB真正的紓困內容。

2008年以來所有紓困措施之金額加總，包括GIIPS之TARGET2負債餘額、ECB在次級市場購買公債之金額、來自歐盟與IMF之紓困金援（詳圖6.1及表6.1），此一金額加總就是圖6.1之中間直方圖所顯示的曝險總額。其中，ECB在次級市場購買公債之金額，及來自歐盟與IMF之紓困金援，是官方正式的紓困金援，目前一般人亦將TARGET2負債視為紓困融資，只是它不是官方正式的紓困金援，這就是德國經濟學家Sinn質疑ECB透過TARGET2管道進行秘密紓困的原因。事實上，並沒有ECB秘密紓困這一回事，GIIPS之TARGET2負債與來自歐盟與IMF之紓困措施及ECB購買公債之金額，係反映GIIPS之經常帳逆差及資金流出，GIIPS之TARGET2負債與德國TARGET2資產之規模約略相當，一般人因而認為德國透過TARGET2管道對GIIPS進行融資。

綜合文獻研究結果，TARGET2只是跨境資金流動之導管，係反映跨境之支付，包括：進出口之貿易、經常移轉、直接投資、資本移動，德國TARGET2資產係累積自德國之經常帳順差、資本輸出逐年減少、參與IMF及歐盟之紓困行動、GIIPS資金又流入德國及德國央行對銀行之放款減少等原因，2012年4月資料顯示，德國央行對ECB之TARGET2債權已高達6,442億歐元。

附註

1. 亦即6,370億歐元×43%=2,739億歐元。
2. 亦即2,140億歐元×43%=920億歐元。

第七章

歐債危機引起歐元區支付系統TARGET2嚴重失衡

金融危機前各國在TARGET2帳上金額大概都能維持在零的附近波動，但是在金融危機爆發後，情勢完全改觀，德國的TARGET2帳上金額急速增加，而南歐諸國的TARGET2帳上金額則急速不足，這就表示德國有餘裕資金並不需向ECB借錢，反而是ECB積欠德國大筆的資金，而南歐諸國則剛好相反，由於經常帳赤字加上紓困金援，它們需要向ECB借錢，因而積欠ECB大筆的資金，這就是歐元區支付系統TARGET2的嚴重失衡。談到TARGET2失衡問題時，一定要提到慕尼黑經濟資訊研究所（IFO）的所長漢斯・辛恩（Hans-Werner Sinn），因為這個問題就是他所炒熱的。

壹、何謂TARGET2

TARGET2為第二代泛歐自動即時總額清算快速轉帳系統（Trans-European Automated Real-time Gross settlement Express Transfer），TARGET2是由歐元體系

（Eurosystem）所擁有與營運的單一平台的即時總額清算（Real-time Gross settlement, RTGS）系統，主要是由德、法、義三國央行以歐元體系名義代表營運。所謂歐元體系係包括歐洲中央銀行（ECB）及歐元區十七個會員國之央行（NCBs）。

TARGET2係於2007年11月19日開始營運，是第二代TARGET系統，每筆支付金額沒有上限或下限之限制，主要是針對貨幣政策操作與貨幣市場操作之款項清算，TARGET2使用於歐元體系所有支付款項、所有大額之淨額清算系統之操作清算及歐元之證券清算系統，歐盟中未加入歐元區之國家亦可參與TARGET2，例如，丹麥、保加利亞、波蘭、立陶宛、拉脫維亞、羅馬尼亞等，目前共有二十四家央行（包括ECB）參與其中。

TARGET2共清算六十九個周邊系統，這些周邊系統包括六大類：零售支付系統、大額支付系統、外匯系統、貨幣市場系統、結算所、集中交易對手及證券清算系統，周邊系統遍佈於十七個歐元區國家及丹麥、保加利亞、波蘭、立陶宛、拉脫維亞等國家，例如，德國就有三家集中交易對手及一家證券清算系統包括在內，其運作方式是將款項由某一付款者在甲銀行之帳戶，透過該國央行之即時總額清算系統，再移轉給乙銀行。TARGET2每日平均處理交易筆數為343,380筆，平均金額為2.3兆歐元，99.74%之TARGET2每筆付款處理時間短於五分鐘。若支付系統運作健全而順暢，將有助於金融穩定與民眾對幣值之信心及貨幣政策之執行，更能促進經濟發展與社會福利。

TARGET2是在單一技術平台上運作，TARGET2之業務關係是建立在所有TARGET2使用者與其所屬國家央行間之關係上。2010年之資料顯示，TARGET2之直接參與者（可直接與所屬央行進行清算）有866個，間接參與者有3,585個，往來銀行有12,950家。

TARGET是由歐元體系所發展，提供了歐盟各國跨境間之加值支付服務。TARGET的主要目的有三：(1)支撐歐元體系貨幣政策之執行，及歐元貨幣市場之運作；(2)極小化支付市場之系統風險；(3)提高歐元跨境之支付效率。

貳、TARGET2之運作方式

TARGET2餘額是歐元體系中央銀行與ECB之間經常業務的結果，歐元區內任兩個國家的商業銀行間的每一筆付款，均需透過它們的央行與ECB來進行移轉，不可能由A國之商業銀行直接將款項移轉給B國之商業銀行。例如，以德國與周邊國家間之商業銀行、央行、ECB間之資金流動之情況來說，當周邊國家的公司向德國商人購買機器時，存款將由周邊國家的商業銀行移向德國商業銀行，惟資金不是由周邊國家的商業銀行直接移向德國商業銀行，而是要透過各自國家之央行及ECB一起進行，若周邊國家以希臘為代表，其資金移轉流程為：希臘的公司→希臘的商業銀行→希臘央行→ECB→德國央行→德國商業銀行→德國商人。此時ECB是扮演結算所（clearing house）的角色。

因此，希臘中央銀行成為ECB之債務人，此時希臘減少了準備貨幣，所減少的準備貨幣剛好就是TARGET2債務，而德國央行成為ECB之債權人，德國創造了準備貨幣，所創造出來的準備貨幣就是TARGET2債權，而ECB的資產負債表所顯示之TARGET2餘額，則剛好相互抵消，因為德國與希臘之債權與債務相互抵消之故，此時ECB之TARGET2餘額只剩非歐元區國家之餘額。若有任何損失，則按各央行所占ECB之資本比重（表7.1），一起分擔損失。非危機期間，TARGET2的短暫部位很快的會由私部門之資金流動所減少。

ECB的資本約108億歐元，目前只實際認購約65億歐元，不足之數尚有43億歐

表7.1：各國央行出資ECB資本的比重與金額

出資的各國央行	出資比重（%）	出資金額（歐元）
歐元區國家的央行		
比利時	2.4256	220,583,718
德國	18.9373	1,722,155,361
Eesti Pank	0.1790	16,278,234
愛爾蘭	1.1107	101,006,900
希臘	1.9649	178,687,726
西班牙	8.3040	755,164,576
法國	14.2212	1,293,273,899
義大利	12.4966	1,136,439,021
塞浦路斯	0.1369	12,449,666
盧森堡	0.1747	15,887,193
馬爾他	0.0632	5,747,399
荷蘭	3.9882	362,686,339
奧地利	1.9417	176,577,921
葡萄牙	1.7504	159,181,126
斯洛維尼亞	0.3288	29,901,025
斯洛伐克	0.6934	63,057,697
芬蘭	1.2539	114,029,487
小計	69.9705	6,363,107,289
非歐元區國家的央行		
保加利亞	0.8686	3,505,014
捷克	1.4472	5,839,806
丹麥	1.4835	5,986,285
拉脫維亞	0.2837	1,144,799
立陶宛	0.4256	1,717,400
匈牙利	1.3856	5,591,235
波蘭	4.8954	19,754,137
羅馬尼亞	2.4645	9,944,860
瑞典	2.2582	9,112,389
英國	14.5172	58,580,454
小計	30.0295	121,176,379
合計	100	6,484,283,669

資料來源：ECB

元，歐元區國家的央行需在2012年底前認足這43億歐元。歐元區國家的央行出資比重是按其人口與GDP占歐盟的比重來決定。

參、TARGET2餘額的起源及意義

TARGET2就像歐元體系的輸水管系統（plumbing），水代表流動性，若德國管理當局（德國央行）決定送一加侖的水給愛爾蘭當局（央行），此一輸送信用行動將記載於歐元央行體系（ESCB）帳戶，也就是說流動性是經由TARGET2進行分配，就像水是經由輸水管系統運送一樣。所以TARGET2只是導管，反映跨境之支付，包括：進出口之貿易、經常移轉、直接投資、資本移動，正常情況時，即使經常帳是逆差或赤字，結算後之TARGET2餘額幾乎為零。

德國央行總裁Jens Weidmann指出，TARGET2是歐洲貨幣流通網絡，是央行貨幣

在歐元區央行間跨境移轉之支付系統，歐元區的流動性主要是來自歐元區各央行與其商業銀行之再融資操作的結果，並透過TARGET2流通，這些流動性也因而隨著央行貨幣在各國間移轉，並與ECB發生債權與債務關係，此時ECB是扮演結算所（clearing house）的角色，資金移出方的央行紀錄一筆負債（負的TARGET2餘額），資金接受方的央行紀錄一筆資產（正的TARGET2餘額），若歐元區的貨幣政策是集中在ECB進行，則將無任何TARGET2餘額，但不會改變歐元區央行所提供流動性的風險。

因此，TARGET2是反映歐元區資金流量的支付系統，正常情況時，即使經常帳是逆差或赤字，結算後之TARGET2餘額幾乎為零。所有歐元區國家、ECB及不屬於歐元區之其他歐盟國家，它們的TARGET2餘額合計應為零，惟不是使用歐元之其他歐盟國家之TARGET2餘額不可為負（Sinn and Wollmershaeuser，2011）。金融危機前，TARGET2餘額幾乎互抵，歐元區央行透過再融資操作，提供其商業銀行流動性，主要是使銀行能符合最低準備金要求，並使現金能流通。銀行的跨境資金需求通常由私人資金（例如，拆款市場）流入得到滿足，然金融危機與主權債務危機衝擊大眾資金與銀行體系之信心，包括拆款市場在內之私人資金因被認為太昂貴或已乾涸，致資金來源緊縮，而為融資商品銷售或資金流出之流動性需求，銀行逐漸轉向歐元體系融資。因為歐元體系漸擴充流動性融資，最後演變為全額分配（full allotment）的無限制提供資金，利率低至只有1%，期限長達幾近三年，同時，歐元體系也降低擔保品要求標準。

此已大幅改變歐元體系提供流動性的角色，以前，歐元體系只提供最低限度的央行貨幣，目前，歐元體系已扮演拆款市場及其他跨境資金流動的大部分流動性融資功能，再融資交易的總量從金融危機前不到4,600億歐元，增加到11,000億歐元，平均期限從數週延長至幾近三年期，歐元週邊國家再融資交易量所占比重亦由1/6提高到2/3，流動性持續從歐元週邊國家流出，其TARGET2負債餘額已累積超過7,500億歐元，而德國TARGET2資產餘額則累積達6,442億歐元。

提供央行貨幣給有清償能力銀行並收到充足擔保品，是歐元體系的責任，也不損及物價穩定，此可確保信用供給經濟體系，且能增強金融穩定，然而維持貨幣政策與財政政策嚴格分離是基本要求，且需嚴格禁止融通政府，貨幣政策並不是要用來拯救銀行及支援主權債務的清償，銀行或政府主要清償風險在歐元區納稅人間重新分配的決策，是各國政府與議會的唯一責任。需承認的是，並不總是能夠清楚的區分銀行的流動性短缺與清償風險的差異，碰到危機發生時，短期間給予彈性是適當的，然而也會帶來央行資產負債表膨脹的風險，道德危險也會是棘手的問題。

TARGET2餘額增加可能因此反映貨幣政策回應流動性危機，就此一層面來說，如德國央行一再指出，評論TARGET2餘額增加是搞錯了方向，德國央行的TARGET2債權不構成風險，認為貨幣聯盟會解體是非常荒謬的，提供流動性是否會發生損失或損失到什麼程度，是與德國央行的資產負債表有關，而非與TARGET2餘額有關。同樣的，對於TARGET2餘額為負的成員國，它們的風險也是在於所提供流動性的本質與數量，違約可能會波及ECB債權，然而若因此ECB需承擔損失，也將由全體歐元體系央行共同分擔。

然而，歐元體系廣泛認同非標準貨幣政策措施是有限制及短暫的，而且也絕不作為金融與經濟政策必要改革的推拖藉口，最高考量原則則是確保不會引起任何的穩定風險，例如，大眾認為貨幣政策為財政政策所綁架。歐元體系所承擔的這些風險某種程度是不可避免的，但會努力控制於合理範圍內，此有賴於歐元體系努力規劃，讓央行能及時從廣泛的提供流動性中抽身，以遏止通膨危險，權在歐元成員國政府而非其央行手上。

惟ECB總裁Draghi（2012）指出[1]，討論TARGET2失衡的議題是對的，尤其需分清楚引起TARGET2失衡的徵兆與原因。TARGET2是反映歐元區資金流量的支付系統，TARGET2失衡是歐元區國家間實質失衡與金融失衡的徵兆，要TARGET2餘額回復常態，不是要解決支付系統的徵兆，而是要解決原因，亦即解決失衡的根本原因。

這不是貨幣政策的工作，而是歐盟相關政府與機構需負的財政、經濟與金融政策的責任。

肆、TARGET2失衡之意義

前德國央行總裁施萊辛格（Helmut Schlesinger）在2010年底首先發現了TARGET2可疑的巨額帳目，當時，德國央行對這一系統的債權高達3,260億歐元，當他發現2007年TARGET2帳目下的數字還接近零時，決心查個究竟。施萊辛格給德國央行打電話，沒有得到令人滿意的答覆。於是，他把這項研究任務交給了慕尼黑經濟資訊研究所的所長漢斯・辛恩（Hans-Werner Sinn）。

Sinn和他的同事沃爾莫斯霍伊澤（Timo Wollmersh user）也覺得可疑，為什麼TARGET2帳目會在三年之內發生如此規模的積累？債務人又是誰？因為沒有什麼現成的文獻可供參考，兩位學者只好在歐洲央行和歐元區各國央行的數位密林中探索。一年之後，他們得出的結論是：德國央行幾年來向負債國提供沒有任何民主合法性的危機援助，給德國納稅人帶來高不可控的風險。

一反常態，TARGET2餘額明顯從2007年中開始出現巨額部位，當時歐洲拆款市場首次出現急凍情況，然2007年中之前，TARGET2餘額幾乎是零，例如2006年底德國TARGET2資產部位僅約54億歐元。[2] 德國的正餘額剛好與GIPS（希臘、愛爾蘭、葡萄牙、西班牙）的負餘額高度相關，正餘額的國家尚包括盧森堡、荷蘭與芬蘭[3]，這些國家代表債權國，債務國則包括GIIPS歐豬五國（GIPS及義大利）、法國、奧地利、比利時等，從金額上亦可得知，德國與GIIPS是主角。值得注意的是，義大利遲至2011年7月實施財政撙節措施才出現負餘額，義大利央行之TARGET2餘額在三個月內減少了1,100億歐元[4]。

自2007年7月起，德國央行對ECB之TARGET2債權快速增加，尤其是2012年增加特別快，2012年4月，德國央行對ECB之TARGET2債權已高達6,442億歐元（圖7.1）。

2011年底，GIIPS（希臘、愛爾蘭、義大利、葡萄牙、西班牙）之TARGET2負債也超過6,000億歐元（圖7.2），這就是TARGET2失衡，表面上它是一項統計結果[5]，背後原因則為國際收支、歐盟與IMF之紓困及ECB在次級市場購買公債（證券購買方案

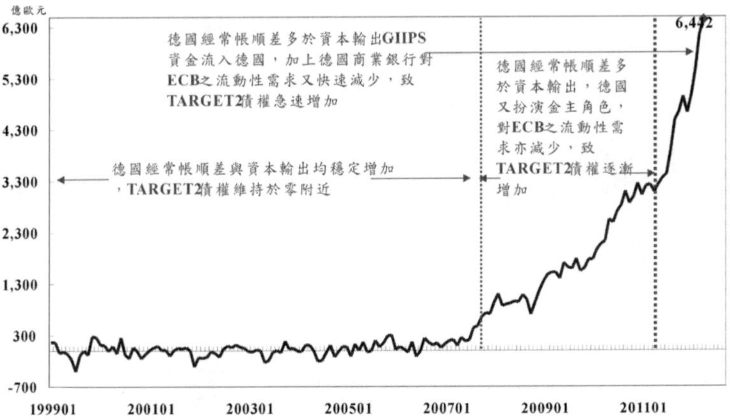

資料來源：德國央行

圖7.1：自2007年7月起，德國央行對ECB之TARGET2債權快速增加

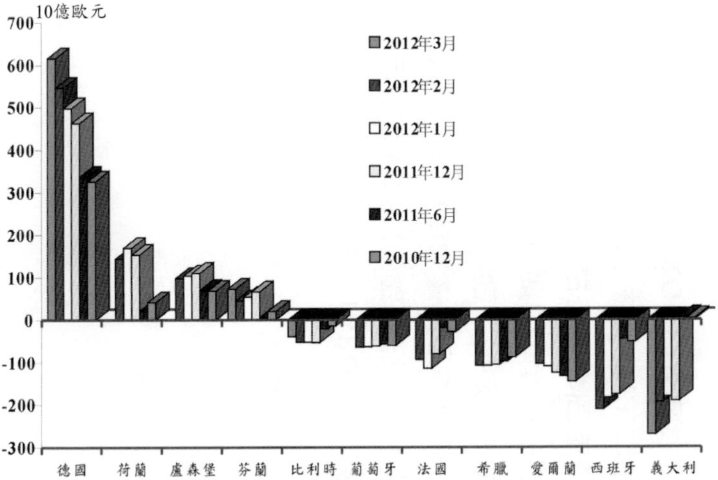

資料來源：Commerzbank(2012)

圖7.2：歐元區主要國家之TARGET2餘額

（SMP））交互作用之結果所致。

伍、TARGET2失衡之原因

Jose Abad, Loffler Axel and Zemanek Holger（2011）指出，TARGET2餘額持續擴大，使得ECB之流動性管理不對稱，ECB需吸收核心國家之超額流動性，若採用市場基礎措施可能加速資金從周邊國家外流至核心國家，使ECB累積風險性資產，若採用差異（無息）的法定準備率，將扭曲銀行市場並壯大影子銀行體系之發展，惟若不採取行動，核心國家將因低利率而帶來通膨壓力及過度投資，導致銀行體系不穩定。

Jose Abad, Loffler Axel and Zemanek Holger（2011）指出，有兩個觀點解釋TARGET2餘額持續擴大的原因：⑴經常帳觀點：Sinn（2011）指TARGET2失衡是反映ECB秘密紓困GIPS（希、愛、葡、西），德國央行的TARGET2資產部位持續擴大，是用來融通GIPS的淨進口及歐元區內的經常帳失衡。(2)金融帳觀點：Buiter et al.（2011）及Bindseil and Koenig（2011）認為，TARGET2失衡只是反映資金移動的結果，這些資金移動均透過TARGET2清算。

TARGET2失衡雖是歐元區資金移動的結果，但也顯示歐債危機信心未恢復。自2007年起，德國央行對ECB之TARGET2債權快速增加之原因（圖表7.1）：

一、1999年至2007年6月間，德國經常帳順差與資本輸出（含金融帳與資本帳）均穩定增加，致TARGET2債權維持於零附近。

二、2007年7月至2010年間，德國經常帳順差多於資本輸出，德國又參與IMF及歐盟之紓困行動，金融危機後，歐元體系亦扮演拆款市場及其他跨境資金流動的大部分流動性融資功能，德國對ECB之流動性需求減少，致TARGET2債權逐漸增加。

三、2010年起，GIIPS資金又流入德國，以償還拆款債務或尋求安全避風港。

四、德國央行對銀行之放款減少：主要是因為，GIIPS資金流入德國，加上德國商業銀行在拆款市場拆出意願不高，致德國累積過剩之流動性，德國商業銀行因而減少向德國央行之借款，甚至參與ECB主要再融資操作之流動性需求因而減少，亦增加德國央行之債權。

反之，GIIPS之經常帳逆差、資金流入減少甚或流出、接受金援與ECB之流動性，反映在TARGET2之負債餘額。

陸、TARGET2失衡之相關說明

由以上說明可知，歐債危機之金援（包括IMF與歐盟之EFSF、EFSM救援機制），或歐元區成員國間之國際收支（包括經常帳與資本帳）失衡，或TARGET2失衡，或ECB之公開市場操作（包括主要再融通操作與長期再融通操作），均反映同一件事，那就是資金移動。

德國對ECB之流動性需求減少，反映歐元區再融資信用之重新分配，並反映在TARGET2餘額之變動，此一機制是透過ECB的官方資金流動，來幫助危機國家，其作用與正式的歐元拯救機制（如IMF、EFSF、EFSM之紓困方案）的官方救援資金一樣，只是透過TARGET2管道的方式來得更早，也不經過歐洲議會。

一、從ECB秘密紓困到十項戒律，分析德國經濟學家Sinn的最近主張：McArdle（2012）的評論

（一）Sinn我行我素，堅持己見

德國經濟學家Hans-Werner Sinn對TARGET2失衡之論點，從ECB秘密紓困到十項戒律，確實炒熱了此一議題。討論金融危機時，Sinn及其2011年6月所撰短文「ECB秘密紓困（The ECB's stealth bailout）」，絕對值得記上一筆，Sinn是德國經濟研究機構IFO主席，該文毀譽參半，ECB、德國央行、Karl Whelan教授、比利時智庫Jean Pisani-Ferry教授及花旗、高盛等數十家金融機構均群起攻擊，但倫敦金融時報的Martin Wolf及紐約時報的Paul Krugman則給予讚許，惟Sinn仍我行我素，堅持己見，甚而在面對ECB及德國央行批評時，仍在法蘭克福召開記者會辯駁。

Sinn最近的大作，2011年11月發表在NBER的第17626號論文，該文不再出現他的原來論述：「TARGET的盈餘（或資產，代表ECB虧欠某國央行的金額）或赤字（或負債，代表某國央行虧欠ECB的金額）基本上應被理解為固定匯率制度下的國際收支之盈餘或赤字，ECB以容許並積極支持周邊國家（例如，希臘）央行大量的貨幣創造與放款，卻犧牲了歐元區核心國家（例如，德國）央行的貨幣創造與放款為代價，來

融通這些赤字，使得歐元區的再融資信用淨額由周邊國家取代了核心國家，成為主要需求者，核心國家央行角色轉變成為資金借入者與減少歐元流通者，不再是印鈔者與放款者。再融資信用之重新分配是透過ECB的官方資金流動，來幫助危機國家，作用與正式的歐元拯救機制（如EFSF、EFSM）的官方救援資金一樣，只是來得更早，也不經過歐洲議會」。

但接著在稍晚的11月簡報中，Sinn又提到原來論述：「歐元區支付系統一直扮演隱藏的紓困（hidden bailout）角色，其中德國央行透過TARGET系統共貸放了約3,000億歐元給其他歐元區國家，需儘速採取校正行動，由於此類移轉之範圍受到限制，若市場意識到一切將結束時，歐元區有可能面臨像1992年英國退出歐洲貨幣制度（EMS）之危機」。

事實上Sinn所使用的資料並不像他所說的那麼神秘而不易取得，更新Sinn的資料進一步來分析，此項金額成長快速。愛爾蘭央行「其他資產」項下的金額也是成長快速，但意義不同，它代表愛爾蘭央行對銀行業的緊急流動性支援（Emergency liquidity assistance, ELA）。

Sinn在NBER第17626號論文之TARGET2餘額為2011年8月數字，但事實上，2011年10月之數字則出現較大變化，基本上歐元體系央行之所作所為，剛好與Sinn所建議的相反，TARGET2失衡在2011年末期成長迅速。2011年11月德國信用餘額增加至4,950億歐元（12月估計超過5,550億歐元），此一金額主要是反映在GIIPS（希臘、義大利、愛爾蘭、葡萄牙與西班牙）的TARGET2負債上，觀察最近六個月數字的變化發現，資金流入德國高達1,720億歐元，資金可能來自法國（760億歐元）、西班牙（710億歐元）及義大利（1,610億歐元），資金流入德國1,720億歐元，流入荷蘭為72億歐元，芬蘭為210億歐元，愛爾蘭為160億歐元，盧森堡為150億歐元，葡萄牙為50億歐元，奧地利為50億歐元；另一方面，資金流出義大利高達1,610億歐元，流出法國為760億歐元，西班牙為710億歐元，比利時為290億歐元，希臘為180億歐元。採取救助方案的國家，愛爾蘭與葡萄牙呈現溫和流入，希臘則為流出。由於數字截止日期各國不一致，因此，流入德國與流出法國、西班牙及義大利金額不相等。

Sinn排除其他原因，強調國際收支才是TARGET2失衡的原因，值得質疑，而且進一步檢視發現，義大利、法國及西班牙之最近六個月之資金流出，幾乎等於其TARGET2負債餘額。目前TARGET2資產以德國最多，其次為荷蘭與盧森堡，TARGET2負債以義大利最多，其次為愛爾蘭、希臘、西班牙與法國。而德國則是眾望所歸，資金爭相流入。

以前（例如，2009年的愛爾蘭），此一現象反映德國銀行與其他投資人提取資金，Sinn在2011年6月文章中則有不同看法，Sinn指出：它們反映過去愛爾蘭與其他歐元區國家間之經常帳赤字，並未由官方或私人資金流入所融通，而是經由愛爾蘭央行之貨幣創造，通常是愛爾蘭央行提供信用給其商業銀行來融通。現在（例如，2011年的義大利），則多了一些原因，如資產外移。資金投資在芬蘭的不多，最近六個月，愛爾蘭比盧森堡有更多的資金流入，雖然有些是官方資金。

2007年各國之TARGET2餘額大致平衡，自2008年起，義大利與法國之TARGET2負債迅速擴大，其他國家則逐漸平穩下來，凸顯德國融通周邊國家，2011年7月之後，義大利之TARGET2負債急速惡化，德國則迅速累積TARGET2資產，導致德國短期公債殖利率呈現負值。由於資金持續湧進德國，顯示市場風險意識依舊高漲，特別偏好AAA等級的債券。

次貸危機爆發後，2008～9年，資金自愛爾蘭與法國急速撤離，信評調降又引發一波資金撤離，2008～10年間，自愛爾蘭撤離資金幾乎有2/3是流入德國，此顯示經常帳赤字之資金移動相當少，危機後來擴散到義大利與法國，又引發另一波資金（2,000億歐元）至德國，總計2011年間，從西班牙與義大利流出的資金，約90%是流入德國，當然美國亦自歐盟許多國家包括德國在內撤離資金。

（二）沒有秘密紓困這回事

到底有沒有Sinn所說的秘密紓困，很多人提出解釋，但並沒有成功。TARGET2就像歐元體系的輸水管系統（plumbing），水代表流動性，若德國管理當局（德國央行）決定送一加侖的水給愛爾蘭當局（央行），此一輸送信用行動將記載於歐盟央行體系（ESCB）帳戶，也就是說流動性是經由TARGET2進行分配，就像水是經由輸水管系統運送一樣。所以TARGET只是導管，反映跨境之支付，包括：進出口之貿易、經常移轉、直接投資、資本移動。正常情況時，即使經常帳是逆差或赤字，結算後之TARGET2餘額幾乎為零。歐元問世前，各國之外匯存底可說是國際收支赤字可容忍之極限。所以Sinn的觀點是重商主義者的看法，觀察TARGET2的吞吐量，並無法知道有哪些因素在決定流動性之供需，只知道流動性在跨境支付時之源頭與目的地，但這確實是一有參考價值之線索。

然而，愛爾蘭央行在TARGET2負債餘額，Sinn認為是愛爾蘭央行向德國央行之借款，而且認為這是ECB與ESCB之秘密貨幣政策活動，但事實上此一餘額反映了其他交易，這是Sinn所忽略之處，其實若真有紓困，應可從ECB之貨幣政策得知，而非從不易理解的TARGET2資料取得。

（三）ESCB之角色

ECB是歐元區銀行體系之最後貸款者，由於執行非標準措施（non-standard measures）貨幣政策之關係，所謂非標準措施，包括加強信用支援（Enhanced Credit Support）與證券市場方案（Securities Markets Program, SMP）。非標準措施的目的是為改進傳統貨幣政策的效果，例如，不降利率時可推出。最近ECB的資產負債表規模已超越美國聯邦準備銀行（Fed）及英格蘭銀行（BoE），但ECB因未買進更多主權債券，被批評沒扮演好政府之最後貸款者。歐元區銀行向ECB貸款均需提供合格擔保品抵押，利率為1%，若銀行缺乏標準的合格擔保品，也可透過緊急流動性支援（Emergency Liquidity Assistance, ELA）取得資金，此時之擔保品所要求之品質較低，但利率為3%，也需ECB之核准。標準的流動性措施是歐元體系之權責，ELA則是放款國家之央行及其政府之權責，例如，2010年愛爾蘭央行之年報附註20指出，愛爾蘭央行之其他資產合計為503億歐元，其中495億歐元是屬於ELA方案下放款給國內信用機構之資金，並非歐元體系正常之貨幣政策操作，ELA除了擔保品質押與政府擔保外，擔保品尚需按市價評價，扣減率介於5.5%至80%之間。擔保品通常需打折，若打9折，扣減率就是10%。

歐盟央行體系（ESCB）包括ECB及所有歐盟會員國的央行，歐盟央行體系所提供之緊急流動性[6]與GIIS之TARGET2負債餘額走勢關係密切，這不足為奇，流動性需求會增加TARGET2負債餘額，Sinn所說的國際收支流量只是影響TARGET2餘額的因素之一。2009年希臘央行年報指出，TARGET2負債餘額從353億歐元增加到490億歐元，大部分是由於希臘央行提供流動性給銀行所致，銀行透過TARGET2系統將大部分資金轉往國外。

貨幣政策與TARGET2餘額之關係很明顯。葡萄牙央行指出，TARGET2負債餘額大幅成長，主要是因貨幣政策提供銀行之信用大幅成長所致，其他造成TARGET2負債餘額變動之次要原因包括：銀行借款到期歸還央行、國外準備與歐元資產投資組合之增加，及鈔票流通量減少。其他央行之情況也類似。值得一提的是ECB透過債券購買方案在2010年底時購買了周邊國家609億歐元的公債（2012年應已超過2,000億歐元），其中葡萄牙公債為28億歐元，若持續執行SMP債券購買方案，將進一步擴大TARGET2負債餘額。

除此因素外，ECB提供流動性的操作也會擴大TARGET2餘額。資金外流產生TARGET2負債餘額的程度，會受限於ECB提供流動性操作的程度，而ECB流動性操作則受限於擔保品取得的限制。此點又為Sinn所忽略，Sinn認為，限制TARGET2餘額的原因來自於德國銀行以現金償還德國央行借款的程度，但他卻忽略了銀行能透過隔夜存款機制無限制的回存過剩資金。

ECB正考慮放寬擔保品條件，萬一將來ELA擴及到愛爾蘭及希臘以外國家時，可以預想到TARGET2餘額將進一步增加。因此ESCB放款給信用機構實際上是對周邊國家之大規模之紓困，是一種放寬擔保品要求下所進行，若沒有此一條件支撐，就不可能存在TARGET2餘額失衡，然可以確定的是，有紓困，但沒有秘密進行，每個月ESCB數字說明了一切。

（四）Sinn飄搖的立場、難以理解的結論與頑固不化

1. Sinn飄搖的立場（Sinn's Evolving Position）

Sinn似乎不能接受他所犯的錯誤，因而不斷改變他的立場（keeps changing his position），故不容易瞭解Sinn。德國記者Olaf Storbeck的報導「沒有秘密紓困：揭穿Hans-Werner Sinn的假面具」，直接反駁Sinn的主張。

Sinn又主張對TARGET2餘額設立上限，隱含一國TARGET2餘額一旦觸及限額，將不再允許資金淨流出以融資進口或任何的資金外流。ECB則反駁指出，TARGET2餘額代表歐元體系內央行流動性分配不平均所致，而且在單一通貨區內不可能對支付

流量設定上限，更何況設立上限，等同於設立嚴格的交易管制，將限制所有資金外流，此一主張未出現在Sinn的NBER論文。

Sinn另一主張為歐元體系的機制，隱含德國央行供給高達5,000億歐元之信用給其他歐元國家，因而排擠了德國銀行的信用需求。ECB則反駁指出，TARGET2餘額為正數不代表是對信用供給的限制，只反映了流動性充裕的事實，因此不會對德國或其他國家的放款有負面的影響，基本經濟學也告訴我們，資金移動與周邊國家的流動性緊縮、核心國家的信用寬鬆及ECB無限制供給流動性有關，德國銀行以流入之資金償還ECB之借款，因為在德國之信用需求已得到滿足。

Sinn的主要提案之一為ESCB應該向Fed看齊，每年以黃金擔保之債券或國庫券結清TARGET2餘額一次，ECB則反駁指出，美國境內沒有支付流量之限制，不同聯邦準備銀行分行間所產生之負債與資產，沒有像歐元體系TARGET2餘額那樣的限制，更甚者，清算機制對跨境支付流量沒有影響，但確實是影響損益分配的關鍵因素。

Sinn的NBER論文也提到，若其他歐元區央行需以它們所沒有之資產支付德國央行，這個困難會讓它們一夕破產，並摧毀歐元體系，不過Sinn猜對了ECB會放寬擔保品要求之條件，ECB在2011年12月放寬擔保品條件。

如我們已看到的，Sinn一開始主張德國央行對其他歐元區央行之曝險金額龐大

（5,000億歐元），德國央行則反駁TARGET2餘額增加對風險水準不會有立即的改變，風險與TARGET2部位沒有直接相關，風險是來自歐元體系之流動性供給，並且此一風險是由全體歐元區央行根據在ECB之資本比重來共同分擔；換言之，即使德國央行之TARGET2部位是全部因為愛爾蘭央行所起，其曝險還是一樣。

2. Sinn難以理解的結論（Sinn's Elusive Conclusion）

無疑的，Sinn指控ECB秘密紓困，的確在其跟隨者間引起共鳴，尤其是德國圖片報（Bild）的讀者，他們認同Sinn的論點，認為歐元區會解體，周邊國家會破產，擔保品價值會暴跌至零，破產國家會拒絕還債，德國會是真正的受害者。

Sinn在NBER論文中則加以澄清：①TARGET2失衡顯示，在具有特定國家風險及債券國際利差的體系，是與允許體系中的國家融通國際收支赤字之貨幣體系相矛盾的。②歐盟有兩個選擇：A.將國家債務社會化，以便消除國際利差[7]；透過政治立法，限制過度借款，或者，B.每年以具有市場性之資產，清算TARGET2餘額一次，以維持債務負擔在國家責任內，且允許國家違約與利差。

老實說，這難以讓事情恢復原貌，但Sinn似認為事情不能再繼續下去，需要遏止再向ECB借款，或者每年清算TARGET2餘額一次，這是同一件事。其實，當ECB獲得南歐諸國的款項支付時，TARGET2失衡將自動獲得校正。當然ECB急切想取回資金。

3. 頑固不化的Sinn（The Unrepentant Sinn）

Sinn在2011年11月21日研討會的論文“Bubbles, Current Account Deficits and Rescue Operations”中，提出了十點戒律，這應該是他更清楚、比較沒有經過掩飾的觀點。

(1)禁止EFSF及ECB進一步購買歐元之政府公債。

(2)GIPS（不包括義大利）國家央行經由TARGET2系統從德國央行與荷蘭央行取得之信用，不可再增加。每年以具有市場性之資產，清算TARGET2餘額一次。

(3)ECB委員會投票權應按占ECB資本之比重加權。

(4)對國家間之任何信用移轉，ECB委員會需要求全體一致同意及債權國家政府之核可。

(5)EFSF之流動性支援需集中在危機國家，並限制只能兩年的援助。

(6)若歐元國家兩年後不能償還債務，就要假定它可能無力償債，而非只是缺乏流動性。在此一情況下，且在排除交互違約規則下，只有即將到期債券適用最高

50%的債務自動折減，折價後的舊債將由EFSF所擔保的新債取代，EFSF最高擔保程度為80%，且擔保總額不得超過GDP的30%。

(7)被撤銷擔保的國家，或超過擔保限額的國家，需宣告為無力償債。同意有問題的國家其所有主權債務可折減，且需離開歐元區。

(8)需發展第四代的巴塞爾資本適足率（Basel IV），主權債務風險權數需從零提高到中型企業之等級。

(9)第三代的巴塞爾資本適足率（Basel III）之普通股（第一類比率及槓桿比率）需再提高50%。

(10)虛弱銀行不能從市場募集足夠的資本時，將被迫調整資本結構，部分將被國營化，一旦危機解除，政府將售回持有之股份。

Sinn的貢獻在於將TARGET2與國際收支觀念結合，聚焦於資金流動之源頭與目的，然而這只是統計的應用，TARGET2失衡反映ECB的流動性操作，以融通逃離至德國之資金，如果這一部分資金沒有透過TARGET2失衡來承擔，南歐諸國可能缺更多資金，「ECB提供流動性資金」與「資金移動」，這兩件事對TARGET2餘額之影響是一樣的，但Sinn卻不這麼想，Sinn的秘密紓困，也只是對本來就已棘手的問題火上加油而已。

Sinn發表在美國國家經濟研究局（NBER）的論文其他部分也只是一堆沒有結論的陳述，然而Sinn的真正觀點大部分出現在2011年11月21日的歐盟執委會經濟與金融事務總務司（DG ECFIN）研討會論文上，這些是完全不實際的，要是被採用，代表歐盟將解體。歐元解體導致數國破產之極端情況，將使德國背負沉重的負債；因此，德國會維護歐元的完整價值。Sinn對TARGET2失衡首先發難，應該是他真正的貢獻。

二、Sinn and Wollmershaeuser（2011）以TARGET2餘額持續擴大的現象，分析歐元區內部的失衡

TARGET2失衡持續擴大，是歐元區國家間實質失衡與金融失衡的徵兆，也顯示歐債危機情況越來越嚴重，Sinn and Wollmershaeuser（2011）認為，這等同ECB強迫核心國家的官方資金輸出，以部分彌補目前私人資金不願流向周邊國家及周邊國家資金外逃的窘境，惟只要ECB流動性操作所取得的擔保品沒有問題，TARGET2失衡並無立即危險。一旦任何擔保品違約，十七個成員國將依出資ECB資本之比重，共同承擔損失。TARGET2餘額是觀察歐債危機的高頻指標，亦可及時掌控資金流動，有利

控管熱錢，是區域清算支付系統之貢獻。

Sinn and Wollmershaeuser（2011）指出，從固定匯率制度觀點，TARGET2餘額之剩餘與赤字，基本上需被瞭解為典型的國際收支之剩餘與赤字，要融通國際收支赤字，ECB容忍並積極支撐周邊國家央行巨額的貨幣創造與貸放資金，卻以犧牲核心國家的貨幣創造與貸放資金為代價，使得歐元區再融通信用淨額之量，由原本出現在核心國家之帳戶，現轉而出現於周邊國家之帳上，並使核心國家央行成為資金主要借入機構，且毀滅了歐元通貨而非印鈔且貸放者。再融資信用的重新分配，是官方資金流經ECB體系的結果，它也是一種拯救方案，正如同官方資金透過歐洲拯救機制（如EFSF、EFSM）援助危機國家一樣，只是前者老早就在進行，並規避了歐洲議會的監督。

2008至2010年間，TARGET2信用融通幾乎就是葡萄牙與希臘之整體經常帳赤字，及西班牙之25%，除了融通愛爾蘭經常帳赤字，還融通其資金外流，2011年夏天開始，甚至更融通了義大利的資金外流，自此階段開始，經濟學家應討論歐元區的存廢問題。

所有歐元區國家、ECB及不屬於歐元區之其他歐盟國家，TARGET2餘額合計應為零，惟不是使用歐元之其他歐盟國家之TARGET2餘額不可為負，因為他們不能印歐元鈔票。這些資產與負債均按ECB的主要再融通利率計算利息收入與費用，然而這些資產與負債均屬於各國政府之債權與債務，例如，希臘TARGET2負債約占其GDP之44%，愛爾蘭為76%，義大利為3%，葡萄牙為35%，西班牙為6%，故這些利息收入與費用均在歐元體系內社會化。

由於TARGET2失衡未在ECB資產負債表上顯現出來，故長期以來一直為人所忽略，不過可在各國央行資產負債表之「歐元體系間之債權與債務（Intra-Eurosystem Claims and Liabilities）」項目找到TARGET2部位，此一部位公佈在各國央行國際收支統計月報中「與非居住民之其他金融交易」部位項下之金融帳，及在各國央行「歐元體系內之資產與負債」項目下之國外部位，ECB也在其2011年10月之刊物中承認，ECB並沒有公佈TARGET2部位之體系，有關TARGET2部位是從IMF統計資料計算而得。

Sinn and Wollmershaeuser（2011）指出，布列頓森林體系因為國際收支失衡而瓦解，歐盟目前也面臨嚴重的國際收支失衡，GIIPS面臨國際收支赤字，若以TARGET2餘額衡量赤字嚴重性，2011年8月之赤字金額高達4,040億歐元，GIIPS等國之央行，以創造並借出央行貨幣的方式，讓資金流向核心國家（尤其是德國），來支應此一赤字，並因而排擠了來自核心國家信用再融通操作的央行貨幣的創造，這等同ECB強迫核心國家的官方資金輸出，以部分彌補目前私人資金不願流向周邊國家及周邊國家資金外逃的窘境。然而，不認同此一觀點者認為，由於目前核心國家的私人資金不願流向周邊國家，加上周邊國家資金外逃，核心國家商業銀行資金無虞匱乏，無需參與再融通操作。

Sinn and Wollmershaeuser（2011）進一步指出，許多人認為TARGET2失衡是歐元區支付系統之正常副作用，因為它們是在單一通貨體系下運作，然此一觀點明顯與TARGET2失衡之情況矛盾，這在美國是不可能發生的，TARGET2失衡明顯從2007年中開始出現，當時歐洲拆款市場首次出現急凍情況，然2007年中之前，TARGET2餘額幾乎是零，例如2006年底德國TARGET2資產部位僅約54億歐元，2012年4月金額已達6,442億歐元。德國的正餘額剛好與GIPS（不包括義大利）的負餘額高度相關，正餘額的國家尚包括盧森堡、荷蘭與芬蘭，這些國家代表債權國，債務國則包括GIIPS、法國、奧地利、比利時等，從金額上亦可得知，德國與GIIPS是主角。值得注意的是，義大利遲至2011年7月實施財政撙節措施才出現負餘額，義大利央行之TARGET2餘額在三個月內減少了1,100億歐元，從2011年6月之60億歐元，減少至9月之-1,040億歐元，光是8月及9月就減少了870億歐元。反之，德國則增加了1,130億歐元，義大利應是主要原因。

2011年9月之前GIIPS五國從德國獲得之TARGET2信用額度，遠超過歐元區國家所提供之官方放款金額，直到2011年7月，希臘從歐元區國家與IMF已收到650億歐元，愛爾蘭及葡萄牙則從歐洲金融穩定機制分別收到259億歐元及303億歐元，歐元區官方總計資助了1,720億歐元，然德國從TARGET2所提供之信用則高達4,500億歐元。

三、德國央行、ECB與Sinn and Wollmershaeuser（2011）對TARGET2失衡看法之比較

德國與ECB之反應如下：(1)德國央行：TARGET2餘額只是一項無關緊要的統計資料，在歐元區內各國數字將彼此抵消，(2)德國央行與ECB：德國之風險不在於TARGET2部位，而是在於赤字國之負債，德國所承擔責任是按在ECB資本所占比重負責，若TARGET2正餘額是發生於其他國家而不是德國的話，德國所承擔責任也是一樣，(3)德國央行與ECB：除非是主要再融資操作所引起，否則TARGET2正餘額不代表任何風險，(4)ECB：發生TARGET2正餘額者，不隱含對其信用提供作了限制，而只是銀行流動性充裕的訊號。

以上四點官方反應基本上正確，但卻是隱藏問題而非澄清問題，也否認了歐元區國家國際收支之基本扭曲，此點本文稍後將提出說明，國際收支失衡剛剛好可由

表7.2：對於外界討論的TARGET2失衡問題，德國央行與ECB之官方說法

德國央行與ECB之官方說法	Sinn and Wollmershaeuser（2011）之觀點
TARGET2餘額只是一項無關緊要的統計資料，在歐元區內各國數字將彼此抵消。	沒錯，問題是若債權國懷疑債務國有違約疑慮時，債權國將寢食難安。
德國之風險不在於TARGET2部位，而是在於赤字國之負債，德國所承擔責任是按在ECB資本所占比重負責，若TARGET2正餘額是發生於其他國家而不是德國的話，德國所承擔責任也是一樣。	沒錯，例如，GIIPS之TARGET2負債4,040億歐元若全部違約，德國將承擔43%亦即1,700億歐元之損失，此為風險值（VaR）之議題。然而若義大利與西班牙違約，將意味著歐元體系的末日，Krugman，Feldstein及Friedman等美國經濟學家均認為歐元可能在未來的5至15年內崩潰。此時再也沒有人會忽視TARGET2負債的風險，法律上這屬於灰色地帶，也是德國留在歐元區的風險。
除非是主要再融資操作所引起，否則TARGET2正餘額不代表任何風險。	沒錯，可是緊急流動性支援（Emergency Liquidity Assistance, ELA）的擔保品之品質較差，可能發生違約。
發生TARGET2正餘額者，不隱含對其信用提供作了限制，而只是銀行流動性充裕的訊號。	沒錯，正是由於銀行流動性充裕，因而排擠了德國銀行參與再融資操作的需求。TARGET2失衡確實代表經由歐元體系的國際資本輸出，及主要來自德國的官方信用對GIIPS的融資，這不是淨信用流出（合併了官方資金流出與民間資金流入），而是公共拯救資金之信用流出。

TARGET2失衡來說明。

前德國央行總裁施萊辛格（Helmut Schlesinger）批評德國央行小看TARGET2問題，他認為TARGET2債權是德國央行資產負債表最重要的項目，也是德國國外財富的重要部分，絕不是德國央行宣稱的只是一項無關緊要的統計資料。

關於德國央行所說的，TARGET2餘額只是一項無關緊要的統計資料，在歐元區內各國數字將彼此抵消，本文認為沒錯，問題是若債權國懷疑債務國有違約疑慮時，債權國將寢食難安。

Sinn and Wollmershaeuser（2011）認為TARGET2失衡是因為融通歐元區國家經常帳赤字所引起，其涵意是指，降低經常帳赤字則可降低TARGET2失衡，可是事實上不是這樣，Bindseil and Koenig（2011）指出，2008年至2010年間，愛爾蘭經常帳赤字逐年減少，可是2008年與2010年之TARGET2負債卻巨額增加。

四、其他相關說明

Bernholz（2012）指出，造成GIIPS國家的TARGET2負債餘額的原因主要是，經常帳逆差、資金流出、接受歐盟與IMF金援、ECB主要再融通操作與證券市場方案

（SMP）在次級市場買進公債的結果；因此，TARGET2負債餘額與國際收支應密切相關。另外，希臘TARGET2負債餘額與希臘銀行的再融通負債亦密切相關，此兩變數密切相關的涵義是，銀行獲得再融通資金後會轉貸跨境商品與金融交易，後續的清算則透過TARGET2系統進行，經進一步確認結果發現，希臘再融資負債變動顯著影響TARGET2負債餘額的變動。

德國央行之資產負債表會隨著銀行體系之流動性累積而擴大，德國央行在歐元體系之TARGET2資產餘額不會受到限制，德國債權人部位不代表德國商業銀行及企業之資金需求會受到排擠，限制失衡與貨幣聯盟是相互矛盾的。

Bornhorst and Mody（2012）指出，德國經常帳剩餘約略等於TARGET2餘額加上資金流出，金融危機前，德國整體之經常帳與資本帳大致平衡，雖然德國對歐洲及全球均呈現經常帳剩餘，然2008年起流出德國資金逐漸減少，2011年第三季則出現流入情況，德國已成為全球資金之接受國，資金尤其是來自歐洲金融危機國家，由於資金轉呈流入，經常帳剩餘依舊，TARGET2餘額因而急速增加。

德國對GIIPS之TARGET2餘額與資本帳呈負相關，然TARGET2餘額與經常帳則幾無關係；換言之，TARGET2機制明顯可平衡資本帳之資金流動，GIIPS之銀行從其央行取得流動性，GIIPS之央行則轉而從其他央行取得流動性，德國銀行則流動性較充裕，但不願意使用貿易融資或到拆款市場拆出，德國銀行過度的流動性則經由德國央行融通到歐元體系。

TARGET2係於2007年11月19日開始營運，不管跨境支付是來自國外交易，或來自與非居住民之證券與放款之交易，通常均透過銀行體系執行。因此，TARGET2餘額不是緊急情況下之產物，而是歐元體系中中央銀行與ECB之間經常業務的結果，歐元區內兩個國家商業銀行間的每一筆付款，均需透過它們的央行與ECB來進行移轉，不可能由A國之商業銀行直接將款項移轉給B國之商業銀行。例如，當周邊國家公司向德國商人購買機器時，存款將由周邊國家之商業銀行移向德國商業銀行，惟資金不是直接移轉，其移轉程序為：周邊國家之商業銀行→周邊國家之中央銀行→ECB→德國央行→德國商業銀行；因此，周邊國家之中央銀行成為ECB之債務人，此時周邊國家減少了準備貨幣，所減少的準備貨幣剛好就是TARGET2債務，而德國央行成為ECB之債權人，德國創造了準備貨幣，所創造出來的準備貨幣就是TARGET2債權，而ECB的資產負債表所顯示之TARGET2餘額則剛好相互抵消，因為德國與周邊國家之債權與債務相互抵消之故，此時ECB之TARGET2餘額只剩非歐元區國家之餘額。若有任何損失，則按各央行所占ECB之資本比重，一起分擔損失。非危機期間，TARGET2的短暫部位很快的會由私部門之資金流動所減少。

然而自2007年金融危機開始，TARGET2餘額與私部門資金流動相互抵減之情況已不再現，至少一開始且一部分的弱政府的融資，已由歐元體系所接手，歐元體系央行向歐元體系借款來購買歐元國家之公債，並以這些公債為擔保品再借款，Sinn（2011a）稱此一透過TARGET2融資的方式為秘密紓困；因此，不管是債權國或債務國，它們的TARGET2帳上餘額從2007年都開始增加，Bindseil and Konig（2011）指出，即使2007年之前存在經常帳赤字，TARGET2失衡仍然會存在，確實如此，但他們忽略了一個事實，那就是金融危機前資本市場的資金充斥；因此，TARGET2的餘額並不重要，因為融通經常帳赤字的來源之一是TARGET2，且他們都犯了相同錯誤，亦即他們認為一個國家的經常帳赤字與TARGET2負債並沒有對應關係，確實如此，事實上，TARGET2是反映整體的結果。

因此，TARGET2失衡是歐元區銀行體系流動性分配不平均與融資條件差異的徵兆，歐元區使用TARGET2機制處理資金的流動，是重要的成就。然而，TARGET2系統既是處理流動性需求，預期應維持於平衡狀態，不過目前看來尚需一段時間進行調整，這恐將是歐元區的大工程。

其實早在1999年及2001年，已有學者撰文討論歐元區支付系統之內部失衡問題，此次TARGET2爭論源自德國，Sinn是始作俑者，並率先指出TARGET2失衡是國際收支問題，Sinn有關TARGET2失衡的專論超過二十篇。前德國央行總裁施萊辛格（Helmut Schlesinger）與Sinn為TARGET2失衡所下的結論是：德國央行幾年來向負債國提供沒有任何民主合法性的危機援助，給德國納稅人帶來高不可控的風險。

柒、TARGET2餘額影響各國準備貨幣

TARGET2餘額如何影響一國的貨幣市場？準備貨幣在TARGET2債權國與債務國的分配有何變化？是創造準備貨幣或毀滅準備貨幣？準備貨幣是指流通中通貨加上銀行持有之準備金，準備貨幣需求曲線為負，亦即利率越高，銀行需求的準備貨幣越少。以TARGET2債權國GLNF情況分析說明如下。

Sell and Sauer（2011）指出，在特定的主要再融通利率下，銀行原先需求的準備貨幣若為OBM0（original base money），因為TARGET2資產屬於準備貨幣，透過主

要再融通工具後，銀行原先需求的準備貨幣將減少為OBM1（＝OBM0－TARGET2資產），準備貨幣需求曲線左移，移動幅度剛好為TARGET2資產部位，若沒有TARGET2資產，一國需求的準備貨幣OBM0將完全經由央行的再融通工具來滿足，若持有TARGET2資產部位（＝TC），則準備貨幣需求將由OBM0減少為OBM1，差額剛好為TARGET2資產，Sinn and Wollmershauser（2011）稱此一差額為再融通信用的排擠，但準備貨幣需求總額不變，只是來源改變而已，亦即TARGET2資產部位創造了準備貨幣，或者說GLNF的準備貨幣需求減少。

不過，Buiter et al.（2011）反駁Sinn的論點，認為信用排擠與準備貨幣固定只是其中一個情節。事實上，Buiter et al.（2011）的論點也只是換湯不換藥，說法不同而已，Buiter et al.（2011）認為，GLNF的銀行可選擇OBM0準備貨幣再加TC，並沒有所謂的TC排擠了等額的準備貨幣，Sinn and Wollmershauser（2011）的說法不同，他們指出，不是準備貨幣的供給受到限制，而是在特定利率水準下，準備貨幣的需求決策受到限制。實際上，雙方共同指出了一個事實，那就是，GLNF的央行沒有排擠信用，是商業銀行自己排擠了信用，因而內生決定的準備貨幣也受到了排擠，依照Buiter et al.（2011）的說法，現代的中央銀行沒有人會嘗試控制準備貨幣（no modern central bank has attempted to control base money）。

同樣的，Sell and Sauer（2011）指出，TARGET2債務國分析情況類似，以下說明GIPS國家的TARGET2負債與準備貨幣關係。GIPS國家對ECB的TARGET2負債可視為負的準備貨幣，也可說是毀滅了準備貨幣，若不存在TARGET2負債，在特定的主要再融通利率下，銀行需求的準備貨幣為OBM0，若存在TARGET2負債，則需額外需求準備貨幣剛好為TARGET2負債，因此，準備貨幣需求曲線右移，移動幅度剛好為TARGET2負債，OBM0增加為OBM1（＝OBM0＋TARGET2負債），增加的部分是透過央行的主要再融通操作所提供，亦即GIPS增加準備貨幣的需求。

Sell and Sauer（2011）指出，ECB並不能控制不同國家間準備貨幣的重分配，頂多能固定再融資操作的總量，但自2008年10月以來，情況不一樣了，ECB決定每週之主要再融資操作（MROs）改採固定利率投標之全額分配，對於TARGET2部位為負之GIPS等國家央行，全額分配並無誘因直接關心TARGET2負債，因為透過ECB融資應是件輕而易舉的事。主要再融資操作分為固定利率投標與變動利率投標兩種方式。

Sell and Sauer（2011）指出，貨幣供給與TARGET2餘額均是內生產生，並提出兩個校正TARGET2系統的方法：設立新機構或改變目前規則，Sinn and Wollmershauser（2011）偏好設立新機構，並建議參考Fedwire運作方式，每年四月清算一次Fed分行間餘額，然Buiter at al.（2011）質疑此一運作方式在美國是否順利，也不一定能套到歐洲環境，因為Fed並不是歐洲中央銀行體系（ESCB），因此，值得思考ECB如何改變其目前作法。Sinn and Wollmershauser（2011）認為，改變ECB的主要再融資操作方式，例如，放棄固定利率投標之全額分配或改為變動利率投標，均無法降低TARGET2餘額或者ECB的秘密紓困。只要商業銀行有足夠的合格擔保品，他們就能從邊際放款機制（marginal lending facility）得到全額分配之流動性，即使主要再融資操作的量受到限制。因此，TARGET2失衡與主要再融資操作的方式是兩碼子事。邊際放款機制是歐元體系提供隔夜信用給銀行的機制。

改變主要再融資操作的方式，對商業銀行再融資的可能性，沒有任何短期的顯著效果，不過，邊際放款機制的融資，資金成本較高，且只提供隔夜流動性，自歐元區成立以來，存款機制、主要再融資操作及邊際放款機制的金額比較分析如下。

金融危機前，存款金額微不足道，邊際放款金額起初波動較大，但自2000年6月固定利率投標改為變動利率投標後，邊際放款機制較少採用，波動情況大為減緩。惟金融危機後，拆款市場受信心不足影響運作幾乎停擺，導致過剩資金湧入隔夜存款，需求資金者則透過邊際放款機制取得資金，在隔夜信用資金需求達到高峰後，2008年10月，ECB又將變動利率投標改為全額分配的固定利率投標，邊際放款金額之波動又放大。2012年7月15日時，存款機制、主要再融資操作及邊際放款機制之利率分別為

0%、0.75%及1. 50%。

ECB應建立一套機制，讓TARGET2餘額為正的國家享有好處，並讓TARGET2餘額為負的國家受到懲罰（例如，減少對其融通），也應考慮公佈TARGET2餘額資料，以提高貨幣政策透明度，並將擔保品品質維持於一定之程度之上。對古典經濟學家而言，任何貨幣面之干擾，只是對實質經濟面扭曲與運作不良的一種反映，若TARGET2失衡是GIPS貿易逆差所致，則我們可以說他們是在追求貿易的比較利益。

捌、美國聯邦準備銀行分行間的清算帳戶亦出現失衡情況

美國聯邦準備銀行分行間的清算帳戶（Interdistrict Settlement Account, ISA）餘額自2008年9月起亦逐年擴大，惟失衡程度較輕。每年4月（去年4月1日至今年3月31

日），ISA帳戶會結算一次，餘額為負之分行需以黃金擔保之債券支付結清。然自2008年9月22日Fed實施流動性操作開始，紐約聯邦準備銀行之ISA帳戶開始累積大額的正部位，而Richmond分行與San Francisco分行則累積大額的負部位，並未於2009年4月、2010年4月及2011年4月結清。Richmond分行總資產約2,100億美元，ISA帳戶負債約1,340億美元。

一、TARGET2與ISA的差異在於，美國聯邦準備銀行是由美國政府擁有，只要改變清算規則，紐約聯邦準備銀行與Richmond分行的盈虧可互抵，對美國政府並無影響，然ECB是由歐元體系之央行或政府所擁有，歐元成員國間之TARGET2債權與債務是無法互抵的，否則將損及歐元成員國之權益。

二、美國紐約聯邦準備銀行之公開市場操作及跨州之資金移動，是造成分行間清算帳戶（ISA）餘額失衡的兩個主要原因。

三、自2008年9月22日Fed擴大流動性操作開始，紐約聯邦準備銀行之ISA帳戶餘額開始累積大額的正部位，而Richmond分行則累積大額的負部位，San Francisco分行亦累積一部分的負部位，並未於2009年4月、2010年4月及2011年4月結清。

四、2011年底，Fed的ISA帳戶債務（3,370億美元）占美國GDP比重只有2.3%，然TARGET2債務（7,960億歐元）占歐元區GDP比重則高達8.7%。

附註

1. 見Remarks at the Annual Reception of the Association of German BanksSpeech by Mario Draghi, President of the ECB, Berlin, 26 March 2012。
2. 2012年2月金額已達5,470億歐元。
3. 亦可簡稱為GLNF。
4. 從2011年6月之60億歐元，減少至9月之-1,040億歐元，光是8月及9月就減少了870億歐元；反之，德國則增加了1,130億歐元，義大利應是主要原因。
5. Sinn（2011）及Sinn and Wollmershaeuser（2011）認為這些餘額是債權國家對債務國家的融通，代表準財政行動，當然他們的論點並非均得到認同。
6. 係將ECB提供之流動性與愛爾蘭、希臘之ELA緊急流動性資金合併計算，故稱為歐元央行體系所提供之緊急流動性。
7. 創造均一的違約風險，適用所有國家。

第八章

歐債危機之因應措施及危機過後之歐元

美國貨幣市場共同基金（MMMF）曾經是歐洲銀行美元流動性最主要的來源，依據惠譽信評（Fitch）的統計，自2011年5月至今，貨幣市場共同基金對歐元區的曝險已經降低至超過60%，惟仍有三分之一美國貨幣市場共同基金的資產，約4,200億美元仍投資在歐洲。至2012年4月底止，對歐元區的曝險約為13%，意謂著基金中每8美元即有1美元投資在危機的震央。

由於歐洲銀行籌資的壓力已經上升，愈來愈多銀行必須以資產來抵押借款。抵押借款上升將使債券持有人處於不利地位，市場認為如果大部分銀行的資產均抵押給其他銀行，能分給債權人的部分將很少，因此銀行的債券價格將會承受下跌壓力。

壹、歐債危機之因應措施

一、採行集中式監理措施

（一）銀行聯盟、金融監理整合及單一的存款保證計畫

歐盟執委會在2012年5月30日之新聞稿中指出，邁向完全的經濟與貨幣同盟的主要步驟，包括建立銀行聯盟（banking union）、金融監理整合及單一的存款保證計畫，ECB總裁Draghi亦支持銀行聯盟的構想，Draghi認為顯著重要性金融機構（SIFIs），例如非常大型的銀行就是SIFIs，需要採行集中式監理（centralized banking supervision），為了更有效對抗歐債危機與重拾市場信心，歐元區必須先從集中化的金融業監管權責著手，這對於具有系統性重要金融機構之國家是重要的，而金融改革是改造貨幣聯盟整體結構的其中一環，若不採取額外的行動，貨幣聯盟已經露出撐不下去的徵兆，擴張歐元區中央權力的構想是長期努力的方向。

（二）ECB可能扮演單一監管機構的角色

歐盟執委會進一步在2012年6月6日發布建立銀行業聯盟的初步方案，該方案將建立在四大架構，分別為涵蓋：⑴歐盟所有銀行的統一存款保險機制，⑵擁有最終決策權的單一監管機構，管理系統內重要銀行和跨國銀行，同時將把歐盟成員國讓渡的部分監管權力，提升到歐盟層級，⑶建立共同的銀行破產程序監管機構及破產基金，至少涵蓋系統重要銀行和跨國銀行，⑷建立統一規則，對所有銀行審慎監管。

創立單一的金融監理機構被視為歐元區邁向更緊密的經濟聯盟的重要步驟，也是歐洲紓困基金得以直接向銀行注資的先決條件，這可使如西班牙等國家為其艱困銀行取得資金而不會增加政府的負債。目前歐元區十七個成員國央行中有十四家已賦有金融監理責任，具有擔任地區金融監理的能力，ECB被許多觀察家看好是擔當此一金融監理的合理選擇，各種跡象顯示，ECB可能扮演此一單一監管機構的角色。

目前義大利私人金融資產占GDP比重為175%，大於德國之125%，如果義大利政府對私人課徵一次性財富稅（wealth tax），並用於償還政府債務，可將義大利政府負債規模占GDP比重由120%降低至95%。根據World Bank調查，義大利投資吸引力世界排名僅為87名，義大利政府應設法降低貪污情形，並增加公立學校教育品質。部分人士建議ECB應設立義大利公債殖利率上限，於市場利率超過上限時，無限制買入義大利公債，但此舉將導致通膨率上升，並降低大眾對ECB之信任，其他國家也無動機改善財政赤字。

（三）將ECB職權擴及金融監理，可能讓ECB信譽承受風險

2012年6月30日的歐盟峰會更取得突破性進展，最大的成就是歐元區的紓困基金終於能直接對資本不足的銀行注資，而不必假手財政脆弱的政府，紓困基金還可以進場收購政府公債，峰會還協議，歐元區的紓困基金在償債順序上對既有的貸款不具優先地位，這化解了許多債權人看到歐洲紓困基金進場時的焦慮。歐洲各國領袖還通過了1,200億歐元的促進經濟增長方案。此外，創立單一的金融監理機構被視為歐元區邁向更緊密的經濟聯盟的重要步驟，也是歐洲紓困基金得以直接向銀行注資的先決條件，這可使如西班牙等國家為其艱困銀行取得資金而不會增加政府的負債，理論上使監管更簡易，並朝泛歐銀行聯盟跨進一步，歐洲央行（ECB）應是擔任此一任務的最佳機構，不過ECB兼任金融監理可能與其執行貨幣政策會發生角色衝突，因為ECB在執行金融監理時如果發現銀行有問題，ECB可能對該銀行提供更多放款，如此將可能導致通貨膨脹，ECB總裁Draghi並稱任何金融監理新任務均應與貨幣政策任務嚴格畫分，兩者不可混淆，ECB將與各國金融監理機構密切合作，ECB新任務必須具有更

高的民主責任水準，因此ECB總裁Draghi認為此案應循序漸進，不可躁進。

所以，這次峰會最大的成就是鬆綁了銀行與政府相互毀滅的連結，這一步類似美國當初成立的問題資產救助計畫（TARP），歐洲央行也獲得更多權限。不過，芬蘭、荷蘭兩國率先表態反對以上做法，為什麼芬蘭、荷蘭會反對呢？其實理由無他，因為各種指標來看，芬蘭、荷蘭是與德國同等級的，只是芬蘭、荷蘭不是媒體的焦點而已。

（四）銀行聯盟

事實證明，歐洲貨幣聯盟處於一個不完整的危險境地。歐洲創立了單一貨幣，但大部分歐元以銀行存款而非紙幣的形式存在。要解決問題，就需要建立一個統一的銀行業監管體系。成立銀行聯盟可能是整頓歐元區的一種相對較快的方法，這一舉措可能包括對歐元區各國銀行進行更為直接的監督，應能促進金融統一，打破銀行與主權的聯繫。曾任英格蘭銀行副總裁和倫敦經濟學院校長的專欄作家Howard Davies曾指出，銀行聯盟應很快就會實施，否則歐元區銀行系統將崩潰。他認為成熟的銀行聯盟應建立在四個基礎上：⑴單一存保機制：要涵蓋所有歐盟（或歐元區）的銀行，⑵共同清算機構和共同清算基金：至少要涵蓋具系統重要性的銀行和跨國銀行，所謂具系統重要性的銀行是指大型銀行，(3)單一歐洲監管機構：監管以上銀行，(4)單一監管規範：涵蓋歐洲所有的銀行。這四大基石需要細心建設。

歐盟新成立之金融監理單位，將握有終止銀行持續營業之權力，並可以強迫金融機構之債權人參與重整金融機構所付出之成本。而這些權力，與上述存款保險、銀行清算等向來屬於個別國家之內政範圍，此一規劃將使歐盟能夠越過單一國家，直接執行這些公權力。

歐洲銀行聯盟的建設還有三大政治問題需要解決：(1)是否由ECB擔任此一泛歐監管機構：但歐盟執委會並不喜歡這個構想，執委會認為歐洲銀行監管局（EBA）才是扮演此種角色最佳候選機構。(2)如何解決銀行聯盟的法律地位：如此規模的憲政改變必須通過新歐洲條約，但這需要時間。(3)歐元區銀行聯盟對單一的金融市場有什麼意義？特別是對歐元區以外的歐盟國家，這些國家中不少會欣然點頭，但將不包括英國，英國財政部長George Osborne認為，英國銀行不應該加入此一銀行聯盟，因為英國民眾不應該為重整歐元區銀行而買單。而且George Osborne也反對英國大型金融機構必須接受來自歐盟單位之監理，George Osborne表示，英國樂見歐元區成立權責機構，以加強整合財政政策，但這不應該包括其他同在歐盟但不使用歐元之國家（如英國）。不僅英國，連德國方面也對此宏大計劃存有疑慮，如果不謹慎處理，可能導致英國退出歐盟。

此舉將令一個解決歐洲銀行問題的機構介入金融業，關閉那些在看來無法存活的銀行，對那些脆弱的銀行實行資本重組，同時在銀行任命新的管理層和制定公司戰略時該機構擁有發言權。此舉本來就會在歐洲各國引發眾多爭議，如果真正涉及債務互助化，那麼爭議還會更多。這意味著法國和義大利領導人要求發行的歐元公債，以及泛歐洲存款保險與重組基金可能都會延宕下來。

（五）歐元公債

歐元公債其實就是穩定債券（stability bonds），是由歐元區會員國共同發行的債券，如此一來，可明顯深化經濟與貨幣聯盟，只要有投資人踴躍購買，各國政府當然可藉由發行歐元公債融通它們的財政與負債。如果歐元公債市場流動性還不錯的話，進一步也可形成具規模的歐元公債市場，這當然會有助於歐元區債券市場的整合，說不定將來可與獨大的美國債券市場相抗衡，不過如果真的發行歐元公債，歐洲貨幣聯盟的財政架構勢必要大幅改變，尤其是財政紀律要更嚴格監督與強化，以免發生道德危險問題，也就是說不容許有類似希臘的案例再度出現，否則將會把經濟體質良好的國家全都拖下水，這當然是不公平的，如此一來也才能消除德國心中疑慮，才有發行歐元公債的一天。

歐洲領導人還得想好怎樣對待英國和丹麥等無意採用歐元的歐盟國家。英國曾拒絕將該國銀行的監管權交給歐洲監管機構，這正是2011年成立的歐洲銀行管理局（European Banking Authority）相對軟弱的主要原因之一。在未獲其他歐盟國家支持的情況下實現歐元區的進一步融合，有可能迫使它脫離過去幾十年作為其存在基礎的法律和制度框架而制定一套新的框架。這個新框架的效力將不及有整個歐盟參加的聯盟。

歐元區加深一體化還面臨著來自內部的挑戰。歐元區各機構服務的聯盟遠遠談不上是真正的聯邦。窮國與富國在金融財富方面情況各異，歐盟領導人無法沿用美國或瑞士等聯邦的藍圖，因為這些聯邦的組成實體從未享有過歐盟成員國所習慣的那種民族自治。

二、強化全球防火牆

政策措施在降低系統性風險方面已扮演重要角色，ECB的三年長期再融資操作（LTROs）、更強的歐洲防火牆、雄心勃勃的財政調整方案及啟動商品與勞動市場的改革，均有助於歐元區的穩定，合併永久性救助工具歐洲穩定機制（ESM）與臨時性救助工具歐洲金融穩定機構（EFSF）之救助規模，並搭配其他措施與努力，可望強化全球防火牆，並有助銀行的資本重組。ESM的規模5,000億歐元，自2012年7月啟動，成為歐元區金融救助的主要工具，加上EFSF尚有2,400億歐元未被動用，未來不排除必要時支援救助。

歐盟財政契約是解決歐債危機的重要組成部分，但單靠財政契約無法解決危機，在危機形勢嚴峻之際，需要採取緊急行動，應對市場的不穩定，就是建立防火牆和銀行資產重組。

惟防火牆無法滅火，它只能拖延時間，直到可持續的措施發揮效果。貨幣政策也不能滅火；事實上，歐元區的貨幣政策比目前0.75%的主要再融通利率所顯示的還寬鬆，歐元區目前充斥著濫頭寸，非標準貨幣政策措施帶來過度流動性，是否引發通膨，埋下新一波金融危機的種子，值得關注。

三、強化財政紀律

2012年3月2日召開之歐盟領袖高峰會，共有二十五個歐盟會員國（英國及捷克除外）簽署「經濟暨貨幣聯盟穩定、協調與治理條約」（The Treaty on Stability, Coordination and Governance in the Economic and Monetary Union）之新財政協定，以強化財政紀律。該協定除原歐盟財政赤字規定外，新導入年度結構性赤字（structural deficit）不得超過GDP之0.5%的平衡預算規則（balanced budget rule），若發生偏離目標的重大情事時，將自動啟動矯正或制裁的機制。此一機制包括締約國負有於一定期間內矯正偏離的義務。同時締約國於財政條約生效後一年內，應將該等規則納入各國國內法，並以「具有強制性與永久性，最好是憲法」（binding force and permanent character, preferably constitutional）條文予以規範。另外，亦建立財政赤字超過GDP 3%之自動導正機制，歐洲法院對於財政赤字違反該協定者，最高可課以該國GDP 0.1%之罰款。

至於現行政府債務逾限者，應以每年平均5%之減幅降低超額債務。若執委會經由過度赤字程序（excessive deficit procedure, EDP）認定某一會員國違反赤字標準，歐元區會員國承諾支持執委會所提出之建議或提案。若執委會所提出之報告認定某一締約國未遵守國內法之相關規範，其他締約國（一個或一個以上）得將案件提交歐洲法院。歐洲法院之判決對當事國具有拘束力，其應於一定期間內採取必要措施以符合判決內容。若歐洲法院認定該國未依循判決，則可視情況處以適當之罰金，但不超過

GDP的0.1%。該項罰金應向歐洲穩定機制（ESM）繳納。

四、促進經濟成長

未來歐元區前景看的不是小國如奧地利、芬蘭與荷蘭的經常帳剩餘，也不是希臘、葡萄牙、愛爾蘭的經常帳赤字，主要是看德國、法國、義大利、西班牙等大國經常帳的較大幅度的變化。隨著大部分歐洲經濟的疲弱，強調成長的聲音逐漸凌駕於撙節之上，只是尚未展開具規模的行動，此際務實的策略之一是，歐洲投資銀行（European Investment Bank, EIB）如何擴展放款，及檢討歐洲結構基金的角色，以促進歐洲經濟成長。缺乏持續成長的激勵措施，恐無法讓歐元區走出危機，此一認知已漸取得共識，只有明顯的成長才能解決主權債務危機，才能記取歷史教訓。第二次世界大戰後，1947年初，美國國務卿馬歇爾訪問德國後，提出嚴重警告，他說，病人快死了，醫生還在慢條斯理的想該怎麼救他。當時，馬歇爾所說的那個病人，現在已經成了歐債危機的主治醫師—德國，當時的馬歇爾計畫，面對貧亂的歐洲，存在種種的財稅問題，一再給予寬限，它們容許援助基金去填補預算缺口，靜待經濟成長來根本解決問題，反觀當前歐債危機，援助國家堅持救援對象立刻進行財政緊縮，不管這麼作會不會加速衰退，讓經濟陷入惡性循環。其實，更聰明的做法應該是先讓經濟恢復成長，再來談減赤和償債。歐盟預算約為歐洲GDP的1%，為讓經濟能成長，需要有效的善用歐盟預算，透過槓桿操作使乘數效果極大化，歐洲投資銀行增加放款，從既有預算中撥出款項發行專案債券（project bonds），用於提高參與跨國基礎建設公司的債信評等，透過挹注跨國建設帶動經濟成長，同時促進能源與交通業發展，並朝向發行歐元債券的方向前進。

歐盟執委會預計2014年至2020年間，支出1兆歐元，其中，3,800億歐元用於結構基金，900億歐元改善失業及社會福利，800億歐元使用於研究與創新。預計2014年歐盟將可增加124萬個就業機會，GDP成長提高0.56%。

五、加強經濟治理

歐洲意識到經濟聯盟的重要性，正迫使歐元區十七個成員國政府開始探討如何將歐元區這一貨幣聯盟轉變為成熟的經濟聯盟。如果經濟聯盟最終得以成立，就可能出現如下場景：德國為義大利債務或西班牙銀行負責，法國的預算方案在布魯塞爾遭到歐盟某位財長的否決，歐元區召集成員國財政委員會以審批新的法律。

但這些舉措需要簽訂新的歐盟條約，並要求多個成員國修改憲法（可能還要進行全民公投），而全面實施經濟聯盟的各項主張可能需要更長的時間。雖然如此，加強經濟治理，健全財政還是必要的，改革措施包括六項改革法案（six pack）、兩項改革法案（two pack）、財政條約（Fiscal Compact）及德國提出的財政聯盟（Fiscal Union），目的均是加強經濟治理。加強經濟治理的六項改革法案，旨在強化「穩定與成長公約」的預防與校正歐元區總體經濟失衡的目標，已經於2011年底正式生效。

（一）兩項改革法案

改善預算的兩項改革法案對於歐元區國家的財政紀律的加強至關重要。第一項法案是指對財政穩定性具有高度風險的國家，和接受預防性財政援助的國家，制定更加嚴格的監管政策，為實施總體經濟調整規畫制定更加清晰的程式，並制定持續性監管的標準。第二項法案則是針對各國預算草案的檢測和評估，以及歐元區國家高額赤字的糾正。

（二）歐洲半年期

歐洲半年期是指成員國預算和結構性政策每六個月進行一次評估，以便能夠即時發現任何不一致和失衡的出現，其目的是為了在各成員國主要預算決策制定前，強化政策協調。

（三）財政條約

財政條約是組成財政聯盟的第一步驟，也就是前置作業，歐盟已訂立財政條約（fiscal compact），以加強經濟和預算監督，將承諾年度結構性預算赤字占GDP比率不得超過0.5%，若超過3%時，制裁機制自動生效。

（四）財政聯盟

財政聯盟就好像是堆積木遊戲裡面的一塊積木，不可缺，而且是確保歐元順利運作的主要積木，當西班牙退出歐元區也被廣泛探討之際，德國提出財政聯盟，財政聯盟的意思是，有關稅收與支出的決策，由共同的機構統一負責，由聯盟成員國的政府共同分擔，例如，像美國，財政政策大部分由美國財政部決定，意即歐元區成員國之財政一體化；因此，歐元區一旦成立財政聯盟，那麼希臘的財政預算，有可能需德國等國家來共同決定。其實德國已明確表示，要德國的金援，除非各國拿主權來做交換，德國強烈要求在歐元區成立中央財政機構來監管各國預算紀律，並賦予歐盟執委會（European Commission），歐洲議會（European Parliament）與歐洲法庭（European Court of Justice）等機構新的權利，來約束各國貫徹意志，在上述條件未得到各國承諾前，德國不會考慮對發行歐洲共同債券或成立銀行聯盟（banking union）等議題做進一步討論。

要解決歐元區主權債務危機，必須先恢復投資人信心，短期而言可透過出售國有資產或增加稅收來償還債務，較長期的作法則應降低政府財政赤字。歐元區透過財政聯盟，可限制各國每年舉債金額，債務規模占GDP比率高於60%之國家，每年財政赤字占GDP比重應小於3%，財政聯盟或單一財政監理機構領導人任期應較政治領袖長（例如ECB為八年），以避免政治干預，是否僅對財政赤字設限，不干涉各國稅制及預算分配，可再討論，且財政赤字上限可隨景氣循環調整。但民意調查結果顯示，財政聯盟並非歐洲百姓所想要的，接受調查的八千位歐洲民眾中，只有34%感受到經濟整合為該國帶來強勁的經濟，在德國、法國、西班牙、義大利及希臘等五個經濟體中，只有37%認為歐元是一件好事，大部分歐洲民眾都感到非常不滿意。

不過，此一五至十年計劃一旦成真，歐元區不僅可將迫在眉睫的解體風險消弭，並且其成員國的聯繫將變得更為緊密，若歐元區所有成員國同意，此一舉措將意味著它們繼十三年前同意放棄各國貨幣和貨幣政策控制權之後，邁出了最重要的政策整合，意味著歐元區成員國將至少在財政主權方面做出前所未有的犧牲。

六、三頭馬車問題或新的不可能的三頭馬車（new trilemma）

歐元成立有三個前提：嚴格的各國政府債務不能相互紓困或負責（各自為自己的財政負責，此為不准相互紓困條款）、不准貨幣融通、銀行與主權相互依賴；歐元區脆弱的核心所在就是這三個前提，它也是新的不可能的三頭馬車，三者不可能同時併存（圖8.1）。亦即各國政府不准相互紓困（no bailout）、不准貨幣融通（no-monetary financing）、銀行與主權相互依賴，是歐元區的三頭馬車問題。

（一）各國政府各自為自己的財政負責，不准相互紓困

不准相互紓困條款載於里斯本條約第123條，本條款表明公共債務是各國政府的責任，也是各國要自己維繫的財政紀律，絲毫沒有道德危險的空間。

（二）不准貨幣融通

不准貨幣融通載於里斯本條約第125條，該條文禁止歐洲中央銀行（ECB）及

歐元區各國央行在發行市場直接購買歐元區各國公債，至於是否在次級市場購買歐元區各國公債，則留待各央行自行決定。例如，2010年5月，ECB採取證券市場方案（SMP）在次級市場購買希臘與葡萄牙的公債即是；2011年8月，則購買義大利與西班牙的公債，以上並無違反不准貨幣融通的條款，但就歐元區的貨幣政策與財政政策分離的這一原則來看，則值得討論；也就是說，ECB在次級市場購買公債不是為了維持金融穩定，而是為了貨幣政策傳遞機制的適當運作。事實上，2011年12月，ECB執行兩輪的三年期長期再融資操作（LTROs），貸款利率只有1%，挹注商業銀行資金，讓它們在次級市場購買公債，也引起廣泛討論，此一舉措是否跟ECB物價穩定的政策任務有衝突，而央行融通政府財政一舉，等同將政府債務貨幣化，1940年代，我國政府在中國大陸發行的金圓券就是一個慘痛的教訓，當時政府財政赤字就是以印鈔票支付，結果造成急劇的通貨膨脹，金圓券在十個月期間貶值二萬倍，最後引發金融混亂，市場崩潰。

　　這是一個嚴肅的課題，許多央行官員與主流經濟學家都認為，央行協助政府擴大財政赤字將帶來許多風險，包括鼓勵不穩定的財政預算，以及政客的鋪張浪費，並使未來發生預期外的通膨。當各國央行降低利率至接近零的低點，經濟景氣卻仍然低迷，形成了所謂流動性風險的情況，部分經濟學家認為此時的解決之道就是，各國央行應該聯合行動，共同擴大對於政府的財政赤字與借貸的融資，在一般經濟原則已不適用的時候，過度執著於正統的財政與貨幣政策，將發生意料外的反效果，而且各國政府應該擴大借貸，才能抵消民營企業減少融資的傷害，因為這是一種去槓桿化的舉動，財政撙節政策在流動性陷阱發生時並無作用，就像是對厭食症患者要求節食一樣無效，Fed與英國央行表示將維持低利率政策，就相當於暗示政府財政部門可以獲得低成本資金。但是其他經濟學家則反駁認為，如果投資人發現央行失去獨立性，或者通膨率將上升，那麼將會推升債券市場的長期利率。

（三）銀行與主權相互依賴

歐元區只是貨幣整合，至於銀行體系仍歸各國管轄，也就是說，銀行發生危機時，各國要自力救濟，問題是現在的銀行有的境外交易規模龐大；像愛爾蘭，所有銀行的總資產是愛爾蘭全國稅收的四十五倍，本來愛爾蘭債務健全，2007年「政府債務/GDP」比率只有25%，一當發生銀行危機，愛爾蘭政府以納稅人的錢替銀行進行資本重組，結果將愛爾蘭政府拖下水，因而爆發主權債務危機。其實不僅政府被銀行拖下水，反過來，當政府發生主權債務危機時，由於銀行也持有很多政府公債，銀行也會被政府拖下水。

七、解決三頭馬車問題

解決歐債危機需從健全財政，維持金融穩定，俾讓貨幣政策的傳遞機制能平滑的運作著手，成立財政聯盟、銀行聯盟、讓ECB可紓困政府，以分別解決各國政府債務不能相互紓困問題、銀行與主權相互依賴問題、不准貨幣融通問題。亦即建立財政聯盟、銀行聯盟及ECB扮演主權債務最後貸款人，可以解決三頭馬車問題。

（一）以財政聯盟解決各國政府債務不能相互紓困問題

嚴格的不准貨幣融通、銀行與主權債務相互依賴，這兩隻腳需靠財政聯盟解決，這是德國堅持的原則，因為主權債務危機與銀行危機可能相互綁架，若政府預算赤字嚴重，可能無法支付政府債務利息，此時將拖累銀行，若一國禁止央行

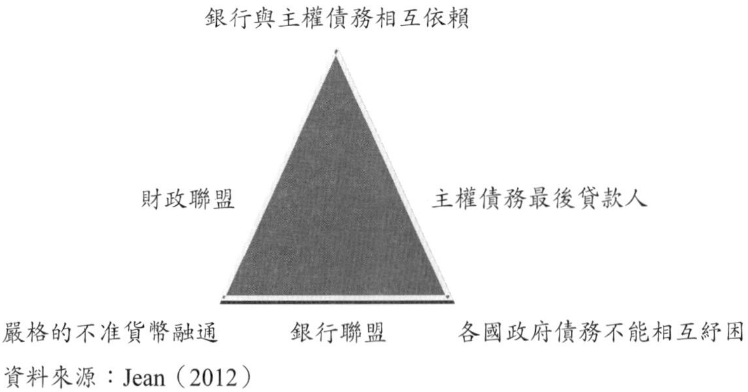

資料來源：Jean（2012）

圖8.1：新的不可能的三頭馬車及解決方案

提供政府流動性，此時政府債務就可能違約，銀行也可能跟著破產。如果能設立財政聯盟，則嚴格的不准貨幣融通、銀行與主權債務相互依賴，仍然能並存，但各國政府債務不能相互紓困則需被排除於體系外（圖8.2）。

財政聯盟目的就是要各國有更緊密結合的共同財政架構，並能擔保部分的公共債務，解決政府債務不能相互紓困問題，例如，發行歐元債券就是一個方向，惟此需作一個取捨，因為它會衝擊各國政府與歐盟整體的決策，信評等級高如德國者，會被較低之整體信評拖下水而付出較多代價，因此德國會想要取得部分信評低的國家的財政控制權，以作為補償，在歐盟方面則會要求更佳的財政紀律。要達到這些目的都是需要溝通與協調，否則歐元區的運作大概也只能在跌跌撞撞中匍匐前進。

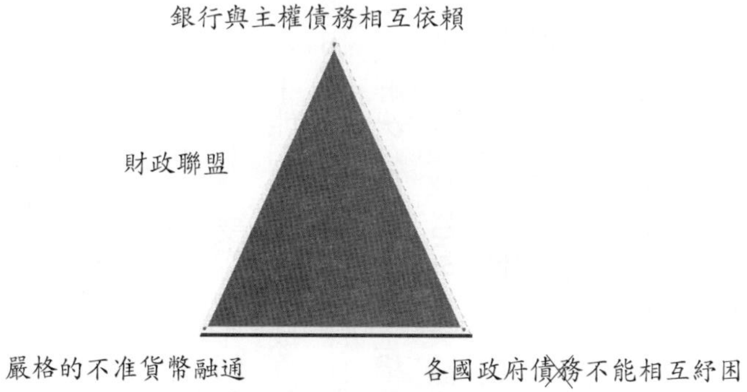

資料來源：Purju（2012）

圖8.2：以財政聯盟解決政府債務不能相互紓困的問題

（二）以銀行或金融聯盟解決各國銀行與主權債務相互依賴的問題

嚴格的不准貨幣融通、政府債務不能相互紓困，需靠銀行聯盟或金融聯盟解決，以免政府債務波及銀行，而銀行危機又波及政府，導致銀行危機與主權債務危機的惡性循環，歐盟執委會及ECB總裁Draghi均認為有必要成立銀行聯盟，銀行聯盟是指共同的銀行監理（例如，由ECB負責銀行監理）、存款保險（類似美國的聯邦存款保險），以及銀行的退場機制，也是補強歐元區貨幣聯盟缺陷的關鍵要素。亦即解決銀行與主權相互依賴問題，需建立銀行聯盟，俾政府與銀行不能相互綁架，成立銀行聯盟，可望讓嚴格的不准貨幣融通、各國政府債務不能相互紓困，這兩個條件繼續存在，而將各國銀行與主權債務相互依賴排除於體系外，以解決各國銀行與主權債務相互依賴的問題（圖8.3），切斷銀行與政府相互毀滅的連結，類似2008年美國成立問題資產救助計畫（Troubled Asset Relief Program, TARP），授權財政部收購金融業者資產與持股，幫助銀行進行資本重組，維持金融業界與體系不致崩壞。

其實歐盟有意改革讓銀行之債權人來承擔紓困銀行之成本，而不是納稅人買單，此舉亦可切斷銀行與主權債務相互依賴的潛在問題，因為銀行之債權人及銀行本身當然需要替銀行體系之穩定負責。

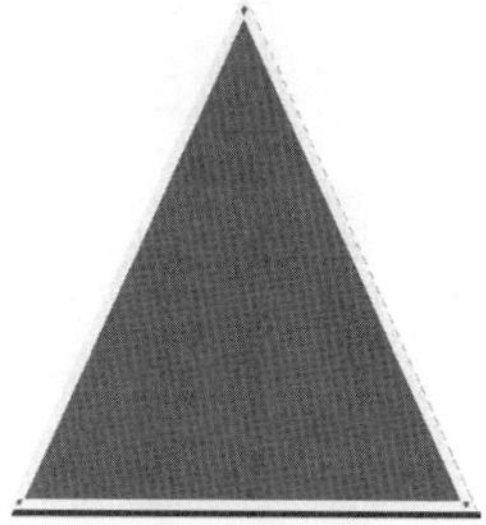

資料來源：Purju（2012）

圖8.3：以銀行或金融聯盟解決各國銀行與主權債務相互依賴的問題

（三）讓ECB可融通政府以解決嚴格的不准貨幣融通問題

銀行與主權債務相互依賴、政府債務不能相互紓困，需靠主權債務最後貸款人解決，Jean（2012）及Purju（2012）建議ECB增加主權債務最後貸款人角色這一項新的政策任務，來解決此一問題，也就是說，對於嚴格的不准貨幣融通，需要檢討ECB的政策任務，譬如，讓ECB可用低於市場利率之水準，融通政府或貸款給政府，而將嚴格的不准貨幣融通這一項原則排除於體系外（圖8.4）。

八、逐步推行財政撙節，並搭配促進經濟成長的改革策略

歐元區國家厲行財政撙節優先的作法，已導

致諸多歐元區國家陷入經濟衰退的危機，引發財政撙節與經濟成長何者優先的歧見。

德國主張須以財政撙節（fiscal austerity）及結構性改革（structural reform）措施，因應主權債務危機，這也是獲得歐盟、ECB及IMF這三巨頭（Troika）紓困的前提條件。德國總理Merkel、前ECB總裁Jean-Claude Trichet是財政撙節優先的支持者，他們認為，政府須採行一切必要措施，儘速降低公共債務水準，厲行財政撙節有助於恢復市場信心，進而提振經濟。

持促進經濟成長觀點者如諾貝爾經濟學獎得主Paul Krugman，於2012年4月指出，歐元區每減少1歐元的政府支出，僅能削減0.4歐元的財政赤字，卻會降低1.25歐元的產出，因而認為財政撙節效果不佳。金融時報專欄作家Martin Wolf發現，歐元區各國平均每削減相當於GDP的1%之

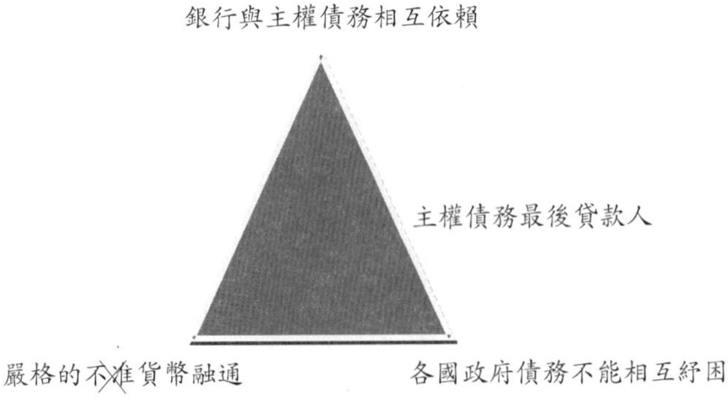

資料來源：Purju（2012）

圖8.4：讓ECB可融通政府以解決嚴格的不准貨幣融通

結構性赤字，會造成GDP亦減少約1.5%，歐元區國家厲行財政撙節優先的作法，已導致諸多歐元區國家陷入經濟衰退的危機，引發財政撙節與經濟成長何者優先的歧見。諾貝爾經濟學獎得主Joseph Stiglitz及Paul Krugman均表示，歐洲領袖的財政撙節處方，是在帶領歐洲經濟邁向自殺，政府應採取更多的激勵措施，以促進經濟成長，沒有經濟成長的財政調整是無法持續的。Stiglitz進一步建議，善用租稅與支出平衡擴張可激勵經濟的原理（平衡預算乘數），對頂層富人徵稅，並提高教育支出，充分利用歐洲既有的機構，例如歐洲投資銀行（European Investment Bank, EIB），來對缺乏資金的國家之投資案提供融資，史丹佛大學教授John Taylor亦表示，漸進的減少政府支出，才不會扼殺經濟成長，反而可能促進成長。

財政撙節與經濟成長是一體的兩面，歐盟的官員們選擇的危機解決辦法不是讓歐元貶值，而是把削減政府開支和增稅作為對希臘、葡萄牙和愛爾蘭提供救助的先決條件，他們還實施了監管制度改革，這些改革措施會抑制就業增長，國際組織及學者專家大抵建議，歐洲應尋求平衡點：逐步推行財政撙節，並搭配促進經濟成長的改革策略。事實上，健全的財政與經濟成長是一體的兩面。歐盟執委會及歐盟理事會已著手研擬促進歐洲經濟成長之方案，IMF總裁拉嘉德（Lagarde）建議，財政撙節與經濟成長並不是非此即彼的關係，先進經濟體（尤其是歐洲）應以漸進的步伐實施可信的財政調整計畫，搭配旨在提高成長及增加就業的改革，如果經濟成長較預期為差，應保有彈性，繼續執行已宣布的財政措施，不必執著於已公布的財政目標。歐洲在履行財政整合承諾時，應能兼顧經濟成長。

促進經濟成長的萬靈丹是進行新投資以提高生產力，2011年以來，有些國家採行財政撙節削減支出，進而造成不必要的經濟萎縮及總體經濟風險，對財政赤字嚴重的國家，儘早削減支出以展示政府的決心，應是有效的，惟只靠財政整合並不足以恢復總體經濟的穩定，若政策缺乏國際合作，實際上各國政府可能也無法成功的進行財政整合。

九、建立銀行聯盟與經濟聯盟

若比較整體歐元區與英、美、日的政府預算赤字，歐元區似乎不是不穩定的燙手山芋，「財政赤字/GDP」比率預計可從2011年的-4%，降至2012年的-3%，比起英、美、日2012年略優於-10%的情況是好太多了。「政府負債/GDP」比率亦是如此，預計2012年歐元區與英、美的「政府負債/GDP」比率約為100%，日本則高過200%，如果歐元區能夠將各成員國的財政實力集中在一起，那麼解決問題就會更容易，總體而言，歐元區十七個成員國的債務負擔要低於美國，「經常帳/GDP」比率亦比英、美好。

前ECB委員Gonzalez-Paramo（2012）指出，歐元並不屬於任一單一國家，歐元自始就是一獨特而又極具野心的產物，歐元區的問題在於集權的貨幣政策與分權的經濟政策並存，卻缺乏聯邦體制之機構，這個機構可扮演對抗失衡之吸收衝擊角色，為建立更強的銀行聯盟與經濟聯盟，歐洲需要創造出這些迷失機構（missing institution），以確保歐元能存活。歐元區的貨幣政策只狹隘的專注於物價穩定，這可能帶來資產市場的投機泡沫，例如，愛爾蘭與西班牙的房市泡沫就是。事實上，貨幣政策／物價穩定與金融穩定應相輔相成，將來的貨幣政策應與財政政策、金融穩定政策（含個體與總體審慎政策）密切合作，因為貨幣政策、財政政策與金融穩定政策交集處（圖8.5），是經濟體系脆弱之所在。例如，資產泡沫問題，需動用貨幣政策、財政政策、金融穩定（含個體與總體審慎政策）措施共同處理。

歐洲的銀行已經成為全球國際化程度最高的銀行，境外業務比例高達50%（一半在歐洲、一半在世界其他地區），而美國和亞洲銀行的境外業務比例只有28%和15%。隨著金融市場向境外拓展，信貸成本將更低、供應將更充裕、配置將更加有效。而銀行向境外拓展將使他們的業務更加多元化、風險更低。比如，西班牙銀行不

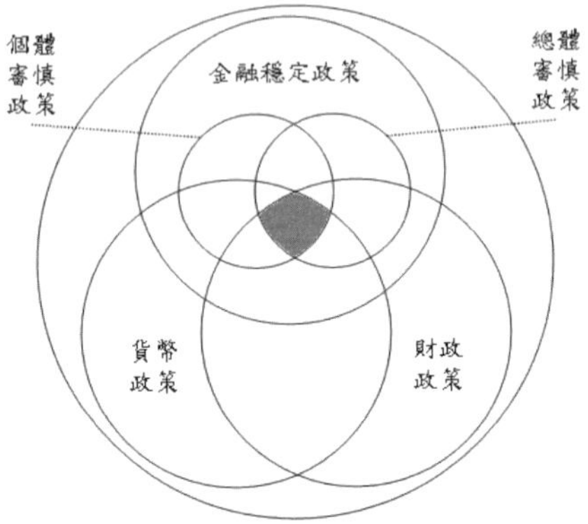

資料來源：何棟欽（2011）

圖8.5：貨幣政策、財政政策與金融穩定政策之關係

再只受理西班牙存貸款業務，西班牙公司也不再只限於向西班牙銀行申請貸款。

但歐債危機使得歐元區各成員國銀行不願相互拆借資金，因為擔心對方無法償還借款。2011年底，歐元區銀行間資金拆借規模較2008年的峰值下降了60%。資金不再通過銀行與銀行間的正常管道流動，只經由歐洲央行（European Central Bank, ECB）流動。事實證明，歐洲貨幣聯盟處於一個不完整的危險境地。歐洲創立了單一貨幣，但大部分歐元以銀行存款而非紙幣的形式存在。要解決問題，就需要建立一個統一的銀行業監管體系。歐洲正意識到這一點的重要性，迫使歐元區十七個成員國政府開始探討如何將歐元區這一貨幣聯盟轉變為成熟的經濟聯盟。如果經濟聯盟最終得以成立，就可能出現如下場景：德國為義大利債務或西班牙銀行負責，法國的預算方案在布魯塞爾遭到歐盟某位財長的否決，歐元區召集成員國財政委員會以審批新的法律。

但這些舉措需要簽訂新的歐盟條約，並要求多個成員國修改憲法（可能還要進行全民公投），而全面實施經濟聯盟的各項主張可能需要十年或更長的時間，只能作為長期努力目標。

還好2012年6月29日，歐盟高峰會對歐債問題終於達成突破性進展，二十七國領導人終於同意動用紓困基金（ESM）直接注資銀行，並授權歐洲中央銀行（ECB）彈性干預債市，協助壓低債台高築的成員國借貸成本。此外歐盟也將動用1,200億歐元，刺激經濟成長。一般認為，此結果歸功於德國的讓步，對於義大利和西班牙兩國而言，更是一大勝利。

在短期措施方面，歐盟領袖同意，在2012年底前成立歐元區銀行監管機構的前提下，允許2012年7月成立、規模達5,000億歐元的永久性紓困基金「歐洲穩定機制」（ESM），直接向陷入財務危機的成員國銀行注資，協助銀行資本重組。按現行規定，ESM只能救助成員國政府，雖然受援國政府可將紓困金用於救助銀行，但金援銀行業最後仍會轉嫁至政府頭上，導致政府債務增加，財政困難加劇，形成金融危機與主權債務危機的惡性循環。歐元區未來的金融防火牆「歐洲穩定機制」（ESM）是接替歐洲金融穩定機構（EFSF）的紓困基金，總額5,000億歐元，需要提供90%資金的國家批准才能生效，德國國會兩院已於2012年6月30日批准ESM與財政公約，財政公約是為強化歐盟各國預算紀律的財政協定。

另外，歐洲領導人還同意，對於已努力削減赤字和債務的成員國，可授權歐洲央行動用ESM基金，進行債市干預，直接收購其公債，以降低其融資成本，且不必附加新的緊縮或改革條件。在此之前，德國一直堅決反對動用紓困基金直接購買成員國公債，認為此舉將減弱相關國家削減赤字和推動改革的動力。長期措施方面，歐元區領袖同意透過更密切的預算和財政合作，「努力邁向更緊密的經濟和貨幣聯盟」，以防止類似危機重演。各國領袖同意以四項基礎來實現更緊密聯盟，包括財政架構、預算架構、經濟政策架構，以及強化民主責任。歐盟2012年10月的報告，對改革時程提出細節，為組成歐洲銀行聯盟、發行歐元區共同債券鋪路。

十、長期而言，歐元區尚應進行政治整合

就最低限度而言，貨幣聯盟（monetary union）至少須是一個邦聯（confederation），其中央握有的課稅及其他政策之權力，遠多於歐洲領導人構想的

歐元區願景。歐元區不僅要有銀行聯盟、財政聯盟與進行結構改革，尚需要在就業、工資、貿易、產業與外交政策等方面，協調整合；長期而言，歐元區尚應進行政治整合。

歐洲若無進一步的政治暨經濟整合，歐元可能撐不過2020年，貨幣聯盟無法在缺乏政治正當性（最可能的形式是區域型大選）的前提下存續。歐洲領導人在不具凝聚力的歐洲政治架構之下，無法不受限制地在各國間進行大規模的移轉。如今，歐洲決策者經常抱怨，要不是美國發生金融危機，歐元區根本不會遭殃。或許此一觀點並沒錯，但金融體系本身須具備抵抗（劇烈的）衝擊的能力。無論以何種標準，或許歐洲從來都不是最適通貨區（optimum currency area），為使歐元撐過2020年，歐元區需要進一步的經濟暨政治整合。

十一、若希臘退出歐元區，歐元區GDP成長率將下降2%

希臘選舉一度讓人猜測希臘可能退出歐元區（Grexit），依據歐盟的法律是不可能退出歐元區的，在歐盟的協議裡，僅對在退出歐盟的前提下退出歐元區做出了相應的規定，亦即退出歐元區是不可能的，只能退出歐盟，由於歐盟法律中對退出歐元區缺乏相關的條款，一些歐洲法律專家提出了可以暫時規避這一問題的權宜之計。倫敦大學國王學院（King's College London）法學教授特克（Alexander Turk）說，當發生違反債務和赤字等歐元區基本規定時，歐元區可以設計一種反向進入（reversed entry）模式，將希臘變成一個享有例外的成員國（member state with a derogation）。這將使希臘與瑞典等國類似，法律要求瑞典等國使用歐元，但這些國家卻故意不滿足相關的關鍵要求，進而推遲使用歐元的進程。JP Morgan（2012）指出，若歐盟與IMF切斷希臘之金援，恐將引起希臘甚至西班牙與義大利之資金與存款外逃，希臘可能被迫採取資本管制，而且要退出歐元區，事前一定只能秘密進行，宣布退出歐元區的前幾天才通知相關重要機構如IMF、ECB等，俾採取相關應變措施，退出歐元區的消息只能在週五歐洲股市收盤後宣布，以防股市崩盤。雖然希臘經濟規模僅與美國麻薩諸塞州相當，但希臘若退出歐元區，將導致西班牙及義大利公債殖利率大幅上漲，歐洲經濟將陷入衰退，歐元區GDP成長率將下降2%或甚至5%。

貳、歐債危機對東亞金融整合之啟示

一、貨幣整合成功的前提，是需要高度的政治協定與承諾

歐債危機顯示，貨幣聯盟或固定匯率制度容易發生金融危機，且像歐元區亦未調整其內部經濟，且還讓失衡一直擴大，如果它的經濟政策沒辦法將它的物價水準維持於具有競爭力的地位，且它也沒辦法調整匯率，那麼實質匯率升值將損害它的競爭力，也將導致經常帳赤字惡化，甚至於國際收支危機。

歐洲貨幣體系（European Monetary System, EMS）是在經濟貨幣聯盟（Economic and Monetary Union, EMU）成立之前的區域固定匯率制度，它在1992年亦發生危機，面臨經濟與政治趨異的情況下，歐債危機就像EMS的危機，凸顯貨幣整合的危險，在任何固定匯率制度下，總體經濟失衡將引起問題，政治趨異的情況更會讓它惡化，因此，東亞國家不應進行野心過大的貨幣與匯率整合計畫，否則將事與願違，並可能發生金融危機。東亞經濟體尚未準備好整合區域匯率制度，更何況貨幣聯盟。貨幣整合成功的前提，是需要高度的政治協定與承諾，以及密切的總體經濟與財政協調與合作。東亞國家之貨幣整合需循序漸進，應具有充分的調整彈性與空間，一籃子的管理

浮動匯率制度是一個選項，可維持區域內匯率之相對穩定，並免去固定又僵硬的匯率制度的危險。如果想要更緊密的貨幣與匯率合作，那就需要高度的政治投入與準備，讓國內經濟政策可以因應匯率的變動，貨幣整合區域內之會員國，也要有意願合作，彼此間也要相互信任，共同學習與成長。

二、貨幣聯盟的策略：耐吉方法與加冕理論

雖然貨幣聯盟目前不是東亞之議題，然歐債危機顯示，貨幣聯盟不應是東亞的立即目標，其實在EMU成立前，到底什麼才是貨幣聯盟的正確策略，有不同的看法，其中貨幣聯盟的「耐吉方法」（Nike approach）與「加冕理論」（coronation theory），是兩派截然不同的主張，分別為法國與德國所擁護，兩國深信，歐洲的統一有利全球福祉，也終於馬斯垂克條約（Treaty of Maastricht on European Union）簽訂及歐元誕生，法國與德國最終的願景，獲得初步的實踐，雖然如此，德、法兩國對組成貨幣聯盟的正確策略，看法卻是南轅北轍。

（一）耐吉方法：取名耐吉（Nike）「做就對了」（just do it）的運動廣告，耐吉是美國體育用品生產商，**just do it**是它的廣告標語，強調做就對了，法國強力主張

此一方法，認為只要釘住匯率，總體經濟與機構的趨合就會達成，一旦貨幣聯盟成立，經濟會自動趨合。貨幣聯盟→經濟統合。

（二）加冕理論：德國央行強力主張加冕理論，強調穩定與經濟趨合需要在貨幣聯盟成立前完成。他們摒棄經濟政策合作一途，反而主張長期趨合過程，俾有益於貨幣政策的結盟，因此經濟表現的趨合，是EMU成立的前提，其政策涵義為，靠少數穩定導向的國家，就能往貨幣整合方向邁進，並終有一天能成立。加冕理論旨在極小化通膨的外溢風險，以免通膨由高通膨國家傳染至低通膨國家（Mongelli, 2008）。貨幣聯盟應該就是經過長時間趨合後的加冕成就，與政治整合無關。EMU是協議的結果，成立的模式是採行德國央行強力主張的加冕理論：經濟統合→貨幣聯盟。

現在看來，德國央行主張的加冕理論，是較正確的貨幣聯盟策略。

三、國際金融整合的優缺點

東亞國家需要更多的區域貨幣與金融合作，以強化區域金融架構，並跟上經濟整合的腳步，俾能同步進行，採行東亞自己區域化的模式：

（一）貨幣整合不要躁進；

制；

（二）重新思考國際金融整合的優缺點；

（三）在下一次金融危機到來前，開發並強化區域性金融危機的預防及解決機制；

（四）加強東亞金融市場的金融監理；

（五）準備好銀行的退場與資本重組機制。

參、危機過後

一、再評估國際金融整合的利與弊

歐債危機顯示，國際與區域金融整合會增加傳染風險，希臘危機能造成歐債危機，主要是因為歐盟金融機構大量曝險於希臘，國際金融整合無法達到資金的有效分配，「穩定及成長公約」（Stability & Growth Pact, SGP）所相信的自由市場能夠有效分配資金，並監督政府，這種想法當然是無法獲得確保，歐元區未受限制的金融整合的結果，是無法持續的失衡與泡沫的出現，而過去十年金融市場，對主權信用風險的評價偏低，忽略了南歐諸國公債的風險，才造成今日的悲劇。大量外資流入帶來無法持續的高成長，終有停止的一天，並導致外資流入突然終止或逆轉（sudden stop or reversal），這是現今全球金融市場常演的戲碼，現又在歐洲上演，應是嚴肅評估國際金融整合優缺點的時候了，有必要再評估國際金融整合的利與弊。全球金融海嘯與歐債危機，帶給學術界與IMF認真思考資本帳管理與國際資金流動的良機。

二、貨幣聯盟需要金融與總體經濟的適當合作

歐債危機帶給我們的啟示是，貨幣聯盟需要金融與總體經濟的適當合作（圖8.6），例如，貨幣政策與審慎政策、財政政策要相互合作，所謂審慎政策是指以金融穩定為主要目標的各種金融監管措施，例如，控管銀行的房貸成數不要超過六成就是一種審慎政策，但這不表示歐洲經濟與貨幣聯盟（EMU）是有問題的構想，不過可確定的是，讓希臘加入歐元區的政治決定，是代價昂貴的錯誤決策，葡萄牙也讓人質疑是否應加入歐元區，要是愛爾蘭嚴格監理其金融部門，就不致於有金融危

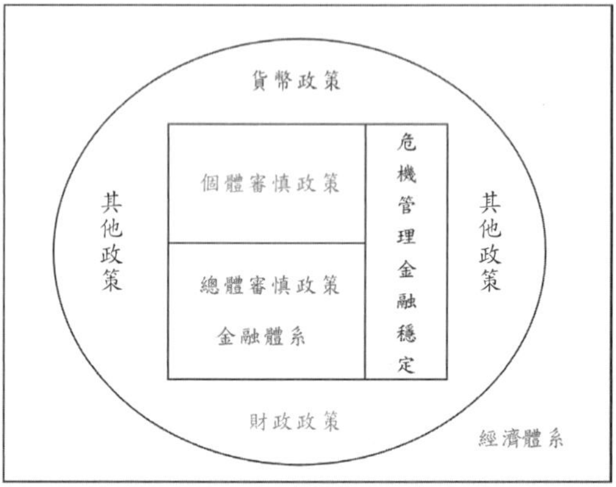

資料來源：何棟欽（2011c）

圖8.6：貨幣政策與審慎政策、財政政策之關係

機，西班牙若能採行總體審慎法規，控制房地產泡沫，問題就不會那麼棘手。要是南歐諸國GIIPS實施結構性的改革，及時調整內部失衡，就不會面臨今天競爭力流失的問題。

三、強化防火牆與貨幣聯盟的改革

展望未來，目前歐洲穩定機制（ESM）5,000億歐元的規模應進一步增資，適時發行歐元公債，體現財政聯盟的決心，成立泛歐存款保險公司，功能類似美國的聯邦保險公司，讓所有理性的西班牙或義大利人，把存在西班牙或義大利銀行的歐元，看成與存在德國帳戶的歐元等值，建立銀行倒閉的有序解體機制，俾讓銀行能有序退場。此外，歐元區內部各國競爭力的調整仍需持續進行，消除政府倒債的風險及歐元解體的可能性。

西班牙與義大利目前未償付的的公債總額約是2.8兆歐元，幾乎是歐洲穩定機制ESM基金規模（5,000億歐元）的六倍，諾貝爾經濟學獎得主克魯曼對匯率危機的研究已經指出，投機者可以很放心地做空歐元，因為ESM基金規模小得不足以穩定市場。

雖然目前法國、西班牙與義大利已組成同盟，德國也表現得不想被孤立，但是這些進展仍不足以擔保歐洲財政聯盟與銀行聯盟能順利進一步整合，兩者都需更進一步的政治整合意願，惟存在的變數仍大，專欄作家馬丁沃夫認為歐元區仍有三大問題未解決：清楚切割銀行與政府的危機；對陷入長期經濟調整的經濟體，提供可長久持續的融資條件；最後也是最重要的，恢復經濟強勁增長。當然這需要時間，也需要改革的毅力。

四、金融要穩定需有關機關相互合作

事實上，金融要穩定需有關機關相互合作（圖8.7），也就是說金融穩定需靠以下各種政策之各種工具相互配合才能達成：

總體經濟政策

1.貨幣政策
  (1)更對稱的貨幣政策
  (2)制訂貨幣政策時考慮金融穩定
2.財政政策
  (1)可持續的財政部位
  (2)財政政策與信用循環
3.其他政策
  (1)消費者保護
  (2)金融基礎設施

審慎政策

1. 總體審慎政策
  (1)降低共同曝險及相互關聯性
  (2)緩和順循環性
2. 個體審慎政策
  (1)改善風險控管
  (2)強化資本與流動性緩衝
  (3)改善透明度

金融穩定

(1)金融機構之風險承擔
(2)金融市場與金融工具之風險
(3)金融機構、金融工具與金融基礎設施之復原

執行與監督

1.前瞻性監理
  (1)巴賽爾第二支柱
  (2)監理強度與效果
2.市場紀律
  (1)防範道德風險
  (2)透明度、會計準則、市場健全
3.監視系統性風險
  (1)總體審慎當局
  (2)金融穩定報告
4.銀行退場
  (1)破產機制
  (2)生前遺囑
  (3)有效退場機制的關鍵特性

國際合作

1.G20
2.BCBS 資本與流動性計提
3.BCBS 資本附加費
4.FSB 降低順循環的提案
5.FSB/IMF 金融預警作業
6.FSB 推動同業審查制度
7.跨境清理或退場

資料來源：何棟欽（2012）

圖8.7：總體金融穩定架構

（一）以總體經濟政策下的貨幣政策而言，更對稱的貨幣政策與制訂貨幣政策時需考慮金融穩定，是維持金融穩定必要的措施。所謂更對稱的貨幣政策是指，緊縮與寬鬆需取得平衡，貨幣政策操作常為人詬病之處是，當面對經濟衰退時，常快速的寬鬆，然面臨通膨風險時，則常緩慢升息，此種操作就是不對稱的貨幣政策。

（二）可持續的財政部位，財政政策與信用循環，消費者保護與金融基礎設施，均是金融穩定不可缺的政策工具。

（三）審慎政策方面，以總體審慎政策降低共同曝險及相互關聯性，實證亦顯示總體審慎政策可緩和順循環性，讓銀行不要老是「晴天放傘，雨天收傘」，以個體審慎政策改善風險控管，強化資本與流動性緩衝，及改善透明度，讓銀行的體質能夠更健全。

（四）執行與監督方面，則涵蓋了巴賽爾資本適足率的規定，也就是Basel Ⅲ、市場紀律、監視系統性風險及銀行退場等，各種金融改革措施。複雜風險（complexity risk）是阻礙經濟復甦的主要因素，歐元區應徹底改革公司治理及流動性規定，而非到處補破洞，要避免金融瓦解，下列四項措施不可忽視：1.保障銀行存款；2.危機國家中的某些銀行必須維持營運以支撐該國經濟不致崩潰；3.歐洲金融體系應重組，並由歐盟監管，而非各國自行監管；4.其餘有赤字的歐元區國家的政府公債應予以保障，以防被波及。

（五）國際合作方面，則包括巴塞爾銀行監理委員會（BCBS）之資本計提、流動性計提與資本附加費，金融穩定委員會（FSB）降低順循環的提案、金融預警作業與推動同業審查制度，及跨境清理或退場機制等。

五、建立銀行聯盟仍充滿阻力

展望未來，金融危機就像地震，源頭恰似一條條斷層，只要有這些斷層，金融危機就會一直發生，所以金融是斷層線，其實歐洲貨幣也是斷層線，但本書不認為將共同貨幣強加於許多體質差異很大的國家，終將以毀滅收場。歐洲創1930年以來最高的失業率，經濟成長可醫治財政赤字，通貨再膨脹則可以刺激經濟成長，為因應赤字與債務問題，許多國家紛紛提高退休年齡。義大利、西班牙、希臘與愛爾蘭將在2050年前將退休年齡提高到67至69歲，但在歐洲這個老年人密度最高的地區提高退休年齡，領導人將面臨政治風險，支持此措施的西班牙與法國領導人均黯然下台，義大利與希臘等國亦抗議不斷。德國如今的地位是受益於2003年時推出的勞動和醫療改革，以及歐洲央行因應2000年科技泡沫所推出的刺激政策，歐洲現在需要壓低西班牙和義大利的長期利率，讓歐元進一步貶值，以便重新站起來。

歐元區一旦建立共同的銀行監管機關，西班牙政府將無須承擔償還紓困金的責任，倘各成員國接受將國內銀行的監管權交予共同監管機關，作為接受集體紓困的代價，則銀行將不再成為各國政府脖子上的重擔；問題在於，當要求各成員國交出其國內銀行監管權時，各國會選擇留下或退出，將是一大變數，顯示歐元區建立銀行聯盟仍充滿阻力。

六、危機過後之歐元

四十年前Nixon總統的財政部長John Connally曾告訴歐洲財長：「美元是我們的貨幣，但卻是你們的問題」，今天則是「歐元是他們的貨幣，但卻是所有人的問題」，亦凸顯國際貨幣體系之問題，但歐元不是巴別塔，歐元解體將導致可怕的後果，全球將陷入衰退，歐元只是三頭馬車不易駕馭而已。要駕馭這三頭馬車還真不容易；首先，ECB要增加它的政策任務去融通政府，這在其他國家是辦不到的，因為這就像印鈔票救國庫，通貨膨脹隨時會來。其次，還要建立銀行聯盟，以解開銀行與政府相互綁架的問題。最後，還要建立財政聯盟，以克服各國財政不能相互紓困的限制。

為解決歐洲當前這場危機，形形色色新的機構應運而生，如EFSF及ESM，歐債危機可以平息，因為用歐洲穩定機制（ESM）當紓困基金直接挹注有問題的歐洲銀行與購買公債，警報就不容易突發，另外ECB以證券市場方案（SMP）收購各國公債，雖然是一種要不得的主權債務貨幣化，也能舒緩危機國家沉重的債務負擔，還有一條大家所忽略的紓困管道，那就是歐元區支付系統TARGET2，透過TARGET2進行紓困的金額沒有上限，到現在南歐諸國累積未歸還ECB的TARGET2負債部位高達6,000億歐元以上，而德國也累積了TARGET2資產部位高達6,000億歐元以上，至今仍未向ECB索討，一旦歐債危機再惡化，透過TARGET2進行融通或所謂的紓困，即使無法改善歐債危機，至少還可以讓它苟延殘喘，因為在TARGET2上累積負債餘額真是太好用了。苟延殘喘是一回事，問題是體質調整耗時費力，但卻不可免，否則無法轉骨茁壯，也永遠會體弱多病，歐債危機將從急性發炎轉為慢性病。ECB的隔夜存款利率已到零的水準，它的資產負債表擴大到全球第一，接下來有可能引發通貨膨脹和資產價格泡沫等副作用，在歐元區愈趨整合後，有朝一日將使非歐元區的十個歐盟會員國遠離決策中心，這十個非歐元區國家可能形成一個鬆散的聯盟，英國有可能再實施一次光榮孤立的政策嗎？

歷史因素造就國際美元本位制的形成，在促進多邊貿易上貢獻良多，但美國與全世界對美元本位制都不滿意也不喜歡更無法取代它，美國人不喜歡它的原因是無法控制美元的匯率，外國人不喜歡它的原因是美元享有過份特權（exorbitant privilege），美元本位制能從布里敦森林制度瓦解及全球金融危機中存活下來，而無法被取代的原因是它太有價值了，而且一時也找不到更好的替代品。

未來全新的全球準備制度會是如何呢？例如，擴大特別提款權（SDRs）的角色，是有可能獲得採行的全新的全球準備制度，SDRs將成為廣被接受的全球儲備貨幣。目前SDRs價值是由美元、歐元、英鎊、日圓決定，SDR的利率則由該四種貨幣的三個月期利率加權平均決定，美元、歐元、英鎊、日圓在SDRs中所占權數分別為41.9%、37.4%、11.3、9.4%，SDRs價值是由美元、歐元、英鎊、日圓在SDRs中由IMF預測決定的金額，乘上美元、歐元、英鎊、日圓兌美元之匯率後相加而得，例如，2011年11月23日，1 USD = SDR 0.642587或SDR 1 = 1.55621 USD，SDR的利率則為0.20%。

儘管美國百般不願意承認美元本位制有問題，也一直不想降低美元目前舉足輕重的角色，可是形勢比人強，美國華盛頓智庫彼得森國際經濟研究所（Peterson Institute for International Economics）的所長伯格斯坦（C. Fred Bergsten）也撰文指出，美元所享有的過份特權如今已成為負擔，全球可能會由美元與歐元主宰的雙儲備貨幣（bipolar），變成三足鼎立（tripolar）與特別提款權（special drawing rights, SDR）並行的國際貨幣體系，只要人民幣完全可兌換與去除資本管制完成的話。

可是聯合國與國際貨幣基金會（IMF）並不這麼想，它們的研究專論指出，三個儲備貨幣體系會更不穩定，因而都傾向以SDR取代美元，他們對未來國際貨幣體系的憧憬是擴大SDR的角色讓它跟現在的美元一樣，而且還可避免目前美元的問題，只是SDR要像美元這樣可用來定價、交易與清算交割恐怕還需一段漫漫長路要走，何時能建構出一條公正客觀的SDR殖利率曲線，恐怕需要國際加強合作才行。

不過，我們還是要想一想美元為什麼讓我們又愛又恨，到底美元有多重要？為什麼全球要努力發展新的國際貨幣體系？一定是美元本位制出了問題，它有什麼問題？未來的國際貨幣體系又何去何從？

目前國際貨幣體系的問題是過度依賴美元，因為美元流動性不足，新興國家為自保（self-protection）而採行刺激出口策略，累積大量外匯準備，以致減少國內投資，其機會成本是高昂的，造成經常帳剩餘與全球失衡，英、美、日等國之量化寬鬆（quantitative easing）措施與美元貶值，帶來熱錢大量進出，投機炒作，也造成商品金融化、資產泡沫化與全球匯率波動，目前美元本位制無法解決全球失衡、熱錢流竄與流動性問題，特里芬難題讓世人重視國際失衡的調整機制與美元購買力的穩定性，大部分人也都不滿美元本位制而指責美國，美元已不適合再當價值儲存工具

不過，可以確定的是，危機過後，人們將瞭解，歐元不是巴別塔，歐元區的整合程度更將提高，並逐漸朝銀行聯盟、財政聯盟與政治聯盟之路邁進，歐盟也將會出現改變。

未來，歐元將繼續扮演國際主要貨幣的角色，及國際貨幣基金組織（IMF）特別提款權（SDR）使用的4種貨幣之一，也將讓歐洲在國際舞臺上更加擲地有聲，而「單一歐元支付區」（Single Euro Payments Area，簡稱SEPA）體系，所建立通行歐盟及5個鄰近國家的全方位付款方式，將使歐盟更接近單一市場的目標，只要一個銀行帳戶，就可通行32國，歐元在32個國家，可藉由單一銀行帳戶支付每月帳單，例如，在德國工作的希臘工程師，就能從他的銀行帳戶扣款，支付希臘家人日常生活費帳單，有朝一日，歐元、美元及人民幣，將成三足鼎立的國際貨幣體系，歐元將從歐洲更走入全世界，統一的歐洲合眾國（United States of Europe）將不是美夢。

參考文獻

何棟欽（2012），「美國Fed之貨幣政策與金融穩定政策整合之探討」，中央存保季刊，6月。

何棟欽（2012），「從房價泡沫看消費者物價指數的問題」，未發表論文。

何棟欽（2011a），「房價、貨幣政策與總體審慎政策」，世新大學經濟系2011年學術研討會論文，2011年10月1日。

何棟欽（2011b），「貨幣政策與總體審慎政策聯結模型之研究」，兩岸金融暨國立政治大學金融學系第二屆金融發展學術研討會論文，2011年9月5日。

何棟欽（2011c），「影響景氣循環的因素」，經濟論衡，經濟建設委員會。

Amato, J. D. (2005),"The role of the natural rate of interest in monetary policy," Bank for International Settlements, Working Papers, 171.

Anderson R.G.,Jason J.Buol, and Robert H. Rasche (2004) ,"A Neutral Federal Funds Rate," The Federal Reserve Bank of St.Louis Monetary Trends, December.

Bernholz Peter(2012),"The Current Account Deficits of the GIPS Countries and Their Target Debts at the ECB," CESifo Forum Volume 13.

Bibow Jorg(2012),"The Euro Debt Crisis and Germany's Euro Trilemma," Levy Economics Institute of Bard College, Working Paper No. 721, May.

Bindseil, Ulrich, and Philipp Johann Koenig (2011),"The economics of TARGET2 balances," SFB 649 Discussion paper No. 2011-035, June 14.

BIS (2005) ,"Overview: Low yields in robust economies," Bank for International Settlements,Quarterly Review, March 2005.

Bjorksten, N. and O. Karagedikli (2003) ,"Neutral real interest rates revisited," Reserve Bank of New Zealand, Bulletin, vol. 66, no. 3.

Borio, Claudio and Piti Disyatat (2011),"Global imbalances and the financial crisis: Link or no link? ," BIS Working Paper 346.

Bornhorst Fabian and Ashoka Mody(2012),"TARGET imbalances: Financing the capital-account reversal in Europe," voxeu, March 7.

http://www.voxeu.org/index.php?q=node/7700

EC(2012),"Alert Mechanism Report," COM(2012) 68 final, European Commission, Brussels, 14.2.

ECB (2011) ,"TARGET2 Balances of National Central Banks in the Euro Area," Monthly Bulletin, October, p. 35-40.

Ferguson, R. W. (2004) ,“Equilibrium real interest rate - theory and application,” FRB Speech,October 29.

Ferro, Gustavo(2001),“Currency Board: From Stabilization to Full Dollarization? The Argentine Experience,” MPRA Paper No. 15353, August.

Financial Times (2005) ,“Fed thinking points to measured rated rises this year,” 19 January.

Gonzalez-Paramo Jose Manuel (2012),“What has Europe learnt from the crisis,” Speech at the OMFIF Conference: On the cusp: The world economy at a turning point. Strengthening stability at a time of challenge and change, Frankfurt am Main, 15 March.

Haftungspegel(2012),“The Exposure Level,” CESifo, April 11.

http://www.cesifo-group.de/ifotools/print?_lang...2Fportal%2FifoHome%2FB-politik%2F_Haftungspegel

Higgins Matthew and Thomas Klitgaard(2012),“Central Bank Imbalances in the Euro Area,” Federal Reserve Bank of New York, Februray 13.

Jean Pisani-ferry（2012）,“The Euro Crisis and the New Impossible Trinity,”, Bruegel, January.

Jobst, Clemens (2011), “A balance sheet view on TARGET - and why restrictions on TARGET would have hit Germany first,” VoxEU.org, 19 June.

Jose Abad, Loffler Axel and Zemanek Holger(2011),“TARGET2 Unlimited: Monetary Policy Implications of Asymmetric Liquidity Management within the Euro Area,” MPRA, July 2.

McArdle Pat (2012) ,"The Euro Crisis: From the original Sinn to the ten commandments | an analysis of Hans Werner Sinn's latest proposals," Working Paper, Institute of International and European Affairs.

Merler, Silvia and Jean Pisani-Ferry(2012) ,"Sudden Stops in The Euro Area," Bruegel policy Contribution, Issue 2012/06, March.

Mongelli Francesco Paolo(2008),"Economic and Monetary Integration, and the Optimum Currency Area Theory," Economic Papers 302, European Commission, February.

Norges Bank（2005）,"The neutral real interest rate," Staff Memo, Monetary Policy Department, March 16.

Olaf Storbeck(2011),"The stealth bailout that doesn't exist: debunking Hans-Werner Sinn," Economics Intelligence, June 6.

http://economicsintelligence.com/2011/06/06/the-stealth-bailout-that-doesn%E2%80%99t-exist-debunking-hans-werner-sinn/

Purju Alari（2012）,"Euro Crisis, Old and New Trilemmas and Estonia's Position," Baltic Journal of European Studies, June.

Sell, Friedrich L.and Beate Sauer(2011),"A further view on current account, capital account and Target2 balances: Assessing the effect on capital structure and economic welfare," Working Paper No. 2011,2,

September.

Merler, Silvia and Jean Pisani-Ferry (2012),"Sudden Stops in the Euro Area," Policy Contribution 2012/06, Bruegel, March.

Sinn, Hans-Werner and Timo Wollmershaeuser(2011),"Target Loans, Current Account Balances and Capital Flows: The ECB's Rescue Facility," NBER Working Paper No. 17626, November.

Sinn, Hans-Werner(2011),"Bubbles, Current Account Deficits and Rescue Operations,"Annual Research DG ECFIN Conference, November 21.

Sinn, Hans-Werner (2011),"The ECB's stealth bailout," VoxEU.org, 1 June.

Stephany Griffith-Jones, Matthias Kollatz-Ahnen, Lars Andersen and Signe Hansen (2012),"Shifting Europe from austerity to growth: a proposed investment programme for 2012-2015," FEPS-IPD-ECLM, Policy Brief, European progressive political foundation, May 5.

Subbarao Duvvuri(2012),"Price Stability, Financial Stability and Sovereign Debt Sustainability‥Policy Challenges from the New Trilemma," RBI Monthly Bulletin, February.

Svensson, L. E. O. (2002),"Monetary Policy and Real Stabilization," Federal Reserve Bank of Kansas City Jackson Hole Symposium, Re-thinking Stabilization Policy, 261-312.

Tornell, Aaron and Frank Westermann (2011), "Eurozone Crisis, Act Two: Has the Bundesbank reached its limit?," VoxEU.org, 6 December.

Whelan, Karl (2011),"Professor Sinn misses the TARGET," VoxEU.org, 9 June.

Williams J. C. (2003) ,"The Natural Rate of Interest," FRBSF Economic Letter, Number 2003-32,October 31.

Yu, Hsing and Guisan M.C. (2011),"Real Exchange Rate, Foreign Trade and Real Output Growth ·· the Case of Spain," Applied Econometrics and International Development, Vol. 11-1 (2011), 1970-2009.

圖解財經商管系列

※ 最有系統的圖解財經工具書。

※ 一單元一概念，精簡扼要傳授財經必備知識。

※ 超越傳統書藉，結合實務精華理論，提升就業競爭力，與時俱進。

※ 內容完整，架構清晰，圖文並茂．容易理解．快速吸收。

圖解行銷學
/ 戴國良

圖解管理學
/ 戴國良

圖解作業研究
/ 趙元和、趙英宏、
趙敏希

圖解國貿實務
/ 李淑茹

圖解策略管理
/ 戴國良

圖解人力資源管理
/ 戴國良

圖解財務管理
/ 戴國良

圖解領導學
/ 戴國良

圖解會計學
/ 趙敏希
馬嘉應教授審定

圖解經濟學
/ 伍忠賢

博雅文庫 002

歐債危機的第一本書

作　　者　何棟欽
發 行 人　楊榮川
總 編 輯　王翠華
主　　編　張毓芬
責任編輯　侯家嵐
文字校對　許宸瑞
封面設計　盧盈良
出 版 者　博雅書屋有限公司
地　　址　106台北市大安區和平東路二段339號4樓
電　　話　(02)2705-5066
傳　　真　(02)2706-6100
劃撥帳號　01068953
戶　　名　五南圖書出版股份有限公司
網　　址　http://www.wunan.com.tw
電子郵件　wunan@wunan.com.tw
法律顧問　元貞聯合法律事務所　張澤平律師
出版日期　2012年 10月初版一刷

定　　價　新臺幣300元

國家圖書館出版品預行編目資料

歐債危機的第一本書/ 何棟欽著. 一 初版.
一 臺北市：博雅書屋, 2012.10
面；　公分
ISBN 978-986-6098-65-9 (平裝)
1.金融危機 2.經濟危機 3.貨幣政策 4.歐洲
561.94　　101015014